MARCO POLO

Reisen mit **Insider Tipps**

HARZ

MARCO POLO Koautor
Ralf Kirmse

Ralf Kirmse (51) ist in Bad Harzburg geboren und seit frühester Kindheit im Harz unterwegs, denn so mancher Ausflug mit den Eltern führte in die Berge. Den Westharz kannte er bereits wie seine Westentasche, als 1989 der Eiserne Vorhang fiel. Seitdem ist für den freien Journalisten, der in Goslar wohnt, der Ostharz das bevorzugte Ausflugsziel. Hier gibt es immer noch auf jeder Tour Neues zu entdecken.

www.marcopolo.de/harz

← UMSCHLAG VORN:
DIE WICHTIGSTEN HIGHLIGHTS

Die besten Insider-Tipps → S. 4

INSIDER TIPP

Best of ... → S. 6

Der Nordharz → S. 32

Der Südharz → S. 52

SYMBOLE

INSIDER TIPP   Insider-Tipp

★   Highlight

●●●●   Best of ...

☼   Schöne Aussicht

☺   Grün & fair: für ökologische oder faire Aspekte

(*)   kostenpflichtige Telefonnummer

PREISKATEGORIEN HOTELS

€€€   über 100 Euro

€€   60 – 100 Euro

€   unter 60 Euro

Die Preise gelten für zwei Personen im Doppelzimmer mit Frühstück in der Saison

PREISKATEGORIEN RESTAURANTS

€€€   über 25 Euro

€€   12 – 25 Euro

€   unter 12 Euro

Die Preise gelten für ein Hauptgericht ohne Getränke

Titelthemen: Klassische Konzerte im Kloster-Kreuzgang S. 56 | Hexen, Teufel, Feuertanz S. 106

INHALT

Der Oberharz → S. 60

Der Unterharz → S. 82

Ausflüge & Touren → S. 92

Reiseatlas → S. 116

GUT ZU WISSEN

KARTEN IM BAND
(118 A1) Seitenzahlen und Koordinaten verweisen auf den Reiseatlas

Es sind auch die Objekte mit Koordinaten versehen, die nicht im Reiseatlas stehen

Karten zu Goslar, Quedlinburg und zum Brocken sowie ein Plan des Schmalspurnetzes im hinteren Umschlag

UMSCHLAG HINTEN: FALTKARTE ZUM HERAUSNEHMEN →

FALTKARTE
(A–B 2–3) verweist auf die herausnehmbare Faltkarte

Die besten MARCO POLO Insider-Tipps

Von allen Insider-Tipps finden Sie hier die 15 besten

INSIDER TIPP **Sonnenaufgang auf dem Gipfel**
Das ist Natur pur: Bei Nacht oder in der Morgendämmerung zum Brocken wandern und auf dem Gipfel die hinter den Harzbergen aufgehende Sonne begrüßen → S. 68

INSIDER TIPP **Herberge für Handwerker**
Die Gesellenherberge in Blankenburg war Anlaufstelle für Handwerker auf der Walz. Heute ist sie ein originalgetreu eingerichtetes Museum mit Dokumenten aus der Hochzeit der wandernden Handwerksgesellen → S. 38

INSIDER TIPP **Musik in der Welt der Zisterzienser**
Ein modernes Museum auf dem Areal des größtenteils zerfallenen Klosters Walkenried führt in die Welt der Zisterziensermönche ein. Der erhalten gebliebene Kreuzgang bildet den Rahmen für eindrucksvolle klassische Konzerte (Foto r.) → S. 56

INSIDER TIPP **Uralter Familienclan**
Im Höhlenerlebniszentrum bei Bad Grund findet sich ein Nachbau der in unmittelbarer Nähe gelegenen Lichtensteinhöhle. In ihr wurde vor 3000 Jahren der älteste genetisch nachweisbare Familienclan bestattet → S. 65

INSIDER TIPP **Blick aufs Kulturerbe**
Dem Quedlinburger Schlossberg gegenüber liegt der Münzenberg mit Fachwerkhäusern und Blick auf die Welterbe-Stadt → S. 46

INSIDER TIPP **Unter weißen Felsen**
Idyllisch in einem engen Tal liegt unter weißen Gipsfelsen das Dörfchen Questenberg. Hier präsentiert sich die Südharzer Karstlandschaft besonders eindrucksvoll → S. 59

INSIDER TIPP **Wo der Pfeffer wächst**
Gewürze, Tees und Aromapflanzen aus aller Welt finden sich im Kräuterpark Altenau. Dazu gibt es viele Infos über Herkunft und Heilkraft der Pflanzen → S. 61

INSIDER TIPP **Der Brocken virtuell**
In einer sehenswerten Ausstellung im Brockenhaus erfahren Sie alles Wichtige über Norddeutschlands höchsten Berg: viele multimediale Effekte, Diashow, Videos und mehr → S. 70

INSIDER TIPP **Kristalle und Erze**
Die Geosammlung der Technischen Universität Clausthal gehört zu den größten in Europa: rund 12 000 Exponate aus aller Welt gibt es zu sehen → S. 72

INSIDER TIPP **Kaffeklatsch mit Ey**
Im Oberharzer Bergwerksmuseum in Zellerfeld nimmt Sie das Alter Ego des Dichters August Ey mit auf eine Zeitreise. Sie führt in den Harz vor 150 Jahren → S. 73

INSIDER TIPP **Finken im Museum**
St. Andreasberg war die Weltmetropole der Kanarienzucht. Der berühmte Harzer Roller ist heute noch Star im Museum der Grube Samson → S. 77

INSIDER TIPP **Baden im Welterbe**
Der Oderteich bei St. Andreasberg ist seit 2010 Teil des Weltkulturerbes „Oberharzer Wasserwirtschaft". Baden darf man aber trotzdem noch in Europas ältester Talsperre (Foto l.) → S. 79

INSIDER TIPP **Inspiration für Goethe**
Im Elendstal und an den Schnarcherklippen mit ihrer großartigen Aussicht ließ sich der Dichterfürst für seinen „Faust II" inspirieren → S. 81

INSIDER TIPP **Rasant ins Tal hinab**
Mit der Seilbahn auf den Gipfel des Wurmbergs hinauf und dann mit dem Monsterroller ins Tal sausen. Ziel der rasanten Fahrt über Stock und Stein ist Braunlage → S. 67

INSIDER TIPP **Ein Wald von Säulen**
Jede Säule und jedes Kapitell in der fünfschiffigen Krypta der bei Ballenstedt gelegenen Konradsburg ist ein Meisterstück mittelalterlicher Steinmetze → S. 37

BEST OF ...

TOLLE ORTE ZUM NULLTARIF
Neues entdecken und den Geldbeutel schonen

SPAREN

● *Kunst zum Nulltarif*
Unter freiem Himmel können sich in *Goslar* Museumsmuffel der modernen Kunst nähern. Internationale Größen wie Henry Moore, Max Bill und Dani Karavan präsentieren outdoor an markanten Punkten der Kaiserstadt ihre Werke – zum Nulltarif → S. 40

● *Kondition statt Kosten*
Mit dem Mountainbike lassen sich die höchsten Harzberge erklimmen. Der Zutritt zum 2000 km langen Netz der *Volksbank-Arena Harz* kostet nichts. Nur Kondition ist mitzubringen → S. 100

● *Django zahlt heute nicht*
In *Pullman-City II* müssen Besucher normalerweise das Portemonnaie zücken. Eine Ausnahme wird bei Wanderreitern gemacht. Oder Sie verkleiden sich, denn Cowboys („Django zahlt heute nicht!") und Indianer kommen auch für lau in die Westernstadt bei Hasselfelde → S. 87, S. 105

● *Besuch beim Luchs*
Mit der Wiederansiedlung des Luchses ist der Harz um eine Attraktion reicher. In freier Wildbahn ist die scheue Raubkatze nur selten zu sehen. An den *Rabenklippen* bei Bad Harzburg lässt sie sich jedoch naturnah und ohne Eintritt im Nationalpark-Schaugehege beobachten (Foto) → S. 33, S. 78

● *Konzert für Applaus und Ehre*
Konzertbesucher müssen meist tief in die Tasche greifen. Nicht so im Braunlager *Sanatorium Dr. Barner,* wo einmal wöchentlich ein klassisches Konzert auf dem Programm steht. Musikhochschüler aus Hannover spielen nur für den Applaus → S. 66

● *Frei zugänglicher „Weltwald"*
Allein 500 verschiedene Baumarten aus aller Welt sind im *Arboretum* in Bad Grund zu bewundern. Das Beste: Im Gegensatz zu vielen botanischen Gärten ist der „Harzer Weltwald" für alle Menschen kostenfrei zugänglich → S. 65

●●●●● Diese Punkte zeichnen in den folgenden Kapiteln die Best-of-Hinweise aus

TYPISCH HARZ
Das erleben Sie nur hier

● **Wunderschöne Wanderwege**
Im Harz gibt es herrliche Wanderwege, aber keiner ist so ursprünglich wie der durchs *Bodetal* zwischen Thale und Treseburg. Hier tost der Wildbach zwischen mächtigen Felsen durch den Grand Canyon des Harzes → S. 49

● **Schnaufende Schmalspurbahnen**
Qualmend schnaufen uralte Dampfloks durch den Ostharz – nicht nur zum Brocken. Eine besonders attraktive Strecke im Harzer Schmalspurnetz führt durch das idyllische *Selketal* → S. 21, S. 97

● **Vielschichtige Harzgeologie**
Der Harzgeologie widmet sich eine 13 km lange Wanderung mit Start und Ziel am Oderteich. Am Rehberger Graben geht es Richtung St. Andreasberg. Auf dem Lehrpfad *Jordanshöhe* warten 40 Blöcke mit harztypischen Gesteinen und ein ganzer Berg Wissen → S. 79

● **Schaurig-schöne Tradition**
Walpurgis – das ist im Harz die fünfte Jahreszeit. Sie ist kurz, aber intensiv. Am 30. April kommen die Teufel und Hexen aus ihren Verstecken hervor, um im Oberharz, z. B. in *Thale,* schaurig-schönen Schrecken zu verbreiten. Am 1. Mai ist der Spuk vorbei → S. 22, S. 48

● **Märchenhafter Winter**
Schnee beschert dem Harz märchenhafte Landschaften. Auf den Weihnachtsmärkten schafft er in Orten wie Goslar eine heimelige Atmosphäre, die sich mit einem Glühwein noch abrunden lässt → S. 107

● **Ruß-schwarze Gesellen**
Untrennbar verknüpft mit dem ehemaligen Harzer Bergbau ist die Köhlerei. Für die Erzverhüttung lieferte das uralte Handwerk die Holzkohle. In *Stemberghaus* bei Hasselfelde erinnert Deutschlands erstes Köhlereimuseum an die rußige Arbeit der schwarzen Gesellen → S. 85

● **Malerisches Fachwerk**
Nicht nur Burgen, Klöster und Schlösser prägen den Harz, sondern auch historische Fachwerkstädte. Goslar und Quedlinburg genießen sogar Welterbestatus. Daneben gibt es Kleinode wie das malerische *Stolberg* (Foto) → S. 89

TYPISCH

BEST OF ...

SCHÖN, AUCH WENN ES REGNET
Aktivitäten, die Laune machen

● *Eigene Glückskugel*

Schlechtes Wetter im Urlaub – Pech! Vielleicht sorgt ja eine selbst geblasene Glückskugel für Abhilfe. In der *Glasmanufaktur Harzkristall* bei Derenburg fertigen Sie sie unter Anleitung selbst an → **S. 29**

● *Unterirdische Kristallwelt*

Kristalle aus Alabaster und unterirdische Seen locken in die geheimnisvolle Welt der Höhle *Heimkehle.* Im Zweiten Weltkrieg diente die im Gipskarst ausgewaschene Schauhöhle als Rüstungsstätte → **S. 58**

● *Süße Spezialität*

Schicht für Schicht entsteht im *Baumkuchenhaus* in Wernigerode eine süße Spezialität. Beim Schaubacken zeigt sich, dass Baumkuchen viel Zuwendung braucht. Verkostet wird die feine Konditorware warm – direkt aus dem Ofen → **S. 50**

● *Prachtvoller Domschatz*

Der Halberstädter Dom bewahrt einen einzigartigen *Kirchenschatz* in seinen Mauern. Neben Schmiedearbeiten aus Gold und Bronze zählen weltberühmte Werke der Textilkunst zu den Kostbarkeiten → **S. 45**

● *Abenteuerliche Stollentour*

Mit Helm und Geleucht geht es durch den Rathstiefsten Stollen im Goslarer *Rammelsberg.* Riesige Radstuben und bunt schillernde Vitriole lohnen die Mühen der abenteuerlichen Untertagetour durchs Museumsbergwerk (Foto) → **S. 42**

● *Hochprozentige Tradition*

Seit mehr als 500 Jahren wird in Nordhausen Korn gebrannt. Bei Führungen durch die *Traditionsbrennerei* im Jugendstil-Ensemble steht die Herstellung des Hochprozentigen im Blickpunkt. Zum Schluss wird „Echter Nordhäuser" ausgeschenkt → **S. 58**

REGEN

● **Hörgenuss vom Feinsten**
Junge Kammermusiker der europäischen Spitzenklasse treffen sich jeden Sommer in Goslar zu den *Konzertarbeitswochen* und dem *Musikfest,* um Werke alter Meister einzustudieren. Bei öffentlichen Konzerten beweisen sie ihr Können – ein musikalischer Genuss → S. 107

● **Paare auf Bänken**
Kunstvoll gefertigtes Sitzmobiliar säumt den *Liebesbankweg* rund um Hahnenklee. Der bequeme Wanderweg ist übrigens nicht nur für Pärchen geeignet. Auf Rendezvous- und Hochzeitsbänken haben Sie 25-mal die Chance, sich entspannt zurückzulehnen → S. 74

● **Sahneblick**
Kann denn Sahne Sünde sein? Diese Frage stellt sich jedem, der im Gemkental vor einem Riesenwindbeutel sitzt. Die Spezialität im *Windbeutelkönig* gibt es in süßen Varianten oder auch pikant mit Räucherlachs – dazu eine traumhafte Aussicht auf den Okerstausee → S. 63

● **Sole für die Seele**
Die Bad Harzburger *Sole-Therme* tut dem Körper gut und auch der Seele. In der Harzer Natursole entspannen sogar Hypergestresste. Auf Ruheliegen mit Kurparkblick lässt sich das Wellnessgefühl konservieren → S. 35

● **Ein Wintermärchen**
Schnee, Eis und Sonne verwandeln den Harz in eine traumhafte Landschaft, die sich wunderbar per Pferdeschlitten erkunden lässt. Bauer *Frank Linde* aus Wernigerode hält die Zügel fest in der Hand. Die Gäste genießen, eingehüllt in wärmende Decken, das Wintermärchen → S. 51

● **Frische Brise im Theater**
Theater-Gähnen infolge von Sauerstoffmangel kennt man in Thale nicht. Auf der wunderschönen Naturbühne ist Frischluft garantiert. Aufführungen im *Bergtheater* gibt es im Sommer – mit grandiosem Blick ins Harzvorland (Foto) → S. 48

AUFTAKT

ENTDECKEN SIE DEN HARZ!

Im Herzen des Harzes begrüßen sich die Einheimischen nach wie vor und ganz selbstverständlich mit dem alten Bergmannsgruß „Glückauf". Relikte aus der Bergbauzeit begegnen den Besuchern nicht nur hier, im Oberharz, auf Schritt und Tritt, sondern auch in allen anderen Teilen von Deutschlands nördlichstem Mittelgebirge. Der Bergbau war über viele Jahrhunderte das prägende Element für den Harz. Vor allem in der Universitätsstadt Clausthal-Zellerfeld, wo die letzte Grube schon 1930 dicht gemacht hat, wird die Tradition hochgehalten. Am Harzrand hingegen wird der traditionelle Gruß nur noch in bergmännischen Einrichtungen verwendet – so auch in Goslar, wo das Erzbergwerk Rammelsberg 1992, nur vier Jahre nach der Schließung, in den Rang eines Weltkulturerbes erhoben wurde.

Harzbesucher können sich selbst ein Bild von einer der ältesten Industrieregionen Europas machen – nicht nur in vielen alten Gruben, die der Nachwelt als Schaubergwerke erhalten geblieben sind. Ganz hautnah ist das zum Beispiel an den einst von Bergleuten angelegten Teichen möglich. Etliche der künstlichen Bergseen im „Ober-

Bild: Teufelsmauer bei Timmenrode

Kuranlagen sind prägender Teil des Urlaubsziels Harz – wie das Kurhaus in Bad Lauterberg

harzer Wasserregal" – seit 2010 ebenfalls Welterbe – laden heutzutage zu einem erfrischenden Bad ein. Die Altstädte von Goslar und Quedlinburg komplettieren den Weltkulturschatz der Region.

Diese Aufwertung hat dem Harz gut getan, denn er wurde lange unter Wert gehandelt, hatte den altbackenen Geruch von Familienferien, Genesungswerk und Kurbetrieb, wodurch viele Orte ihr Auskommen hatten. Mit der Wiedervereinigung änderte sich das Bild. Der Harz war plötzlich wieder im Herzen Deutschlands, die Harzer wurden selbstbewusster, stolz auf ihr ganzes Gebirge. Nationalparks wurden gegründet – 1990 im Osten, vier Jahre später auch im Westen. Seit 2006 sind die beiden Parks nun zum „Nationalpark Harz" zusammengeführt. Das zieht immer mehr Naturliebhaber an: an Flora und Fauna Interessierte, Wanderer, Radfahrer und natürlich Wintersportler genießen die Landschaft. Doch ebenso fürs Klettern, Gleitschirmfliegen, Kanufahren und Mountainbiking, fürs Langstreckenwandern, Angeln und Pferdetrekking gibt es Angebote zuhauf.

Ende des 8. Jhs.
Eroberung und Christianisierung des sächsischen Gebiets um den Harz, Gründung vieler Klöster

10.–11. Jh.
Das Gebiet zwischen Harz, Braunschweig und Magdeburg ist kaiserliches Machtzentrum und Goslar ab 1015 Kaiserpfalz

968
Im Rammelsberg bei Goslar wird Silber entdeckt

15.–16. Jh.
Die Landesherren siedeln Bergleute aus dem Erzgebirge in den Oberharzer Bergstädten an

1625–31
Der Harz, seine Bergbauge-

Der Harz ist ein Feriengebiet für das ganze Jahr. An schönen Sommerwochenenden kommen die Besucher zu Abertausenden, meist auf wenige Stellen konzentriert. Dabei könnten sie gar nicht weit von den beliebten Plätzen entfernt stundenlang durch die Natur streifen, ohne einen Menschen zu treffen. Der Winter ist die zweite Hochsaison im Harz. Sonne und Wind, Schnee, Raureif und Eiszapfen schaffen dann Traumlandschaften.

Der Harz ist viel mehr als Bäume und Berge. Schon vor 200 und mehr Jahren zog es Reisende in den Harz, seit 150 Jahren gibt es Badeorte, Herbergen, Hotels und Reiseführer. Die Stätten der deutschen Kaiser im Mittelalter, Hexensagen, Walpurgisnacht und Blocksberg, die Dichter seit den Tagen Johann Wolfgang von Goethes und Heinrich Heines sowie die Malerei der Romantik haben den Harz zu einem der ersten großen Reiseziele der Deutschen gemacht. Bergwerke, mittelalterliche Burgen und Kirchen, die bunten Fachwerkstädte ziehen heute wie einst die Besucher in Bann. Und wer sich für romanische Kunst interessiert, muss nicht bis in die Provence reisen – im Harz gibt es allerorten eindrucksvolle Beispiele aus dieser Epoche.

Der Harz erhebt sich unübersehbar aus der Norddeutschen Tiefebene, in der Mitte überragt alles beherrschend der Brocken die Höhen des Oberharzes im Westen und den deutlich flacheren Ostharz mit seinen ausgedehnten Hochebenen. 100 km ist das Mittelgebirge lang und 35 km breit. Es ist ein altes Gebirge. Die ältesten Gesteine sind Tonschiefer aus dem Wippertal, die 560

Buntes Fachwerk und romanische Kunst

biete und viele Städte am Harznordrand werden im 30-jährigen Krieg verwüstet

1777 Johann Wolfgang von Goethe besteigt den Brocken

16.–18. Jh. Hochzeit der Erzförderung

19. Jh. Neue Technologien (Fahrkunst, Sprengstoff) im Bergbau, Beginn des Fremdenverkehrs, Eisenbahnbau

Ab 1900 Ende des Harzbergbaus

1943–45 Ausbau unterirdischer Stollen für Kriegsindustrien, für die Zwangsarbeiter und KZ-Häftlinge schuften

Mio. Jahre alt sind. Die Gebirgsbildung setzte vor 310 bis 320 Mio. Jahren ein. Von Südosten nach Nordwesten wurde eine Scholle angehoben, die an der Nordkante scharf abbrach. Während dieses Prozesses stiegen glühende Gesteinsmassen aus dem Erdinneren auf, was aber nur im Südharz zum Ausbruch von Vulkanen führte. Meist blieb die Magma unter dem Deckgebirge und erkaltete langsam. Dabei setzten sich in Gängen und Klüften Mineralien ab, Erzgänge bildeten sich, die schon seit der Bronzezeit, historisch belegt ab 968 mit der Entdeckung des Rammelsberger Silbers abgebaut wurden. Die letzte intensive Modellierung erfuhr der Harz in den Eiszeiten der letzten 2,4 Mio. Jahre, als die Gletscher bis an den Harzrand reichten, während die Harzhochfläche aus dem Eis herausragte und nur die Gipfel eine Eiskappe besaßen.

Der Harz war für fast 200 Jahre das Herz des deutschen Reichs

Lange Zeit blieb der Harz der menschenfeindliche Wald, der dem Gebirge seinen Namen gab: „Hart" ist das althochdeutsche Wort für Wald. Sogar die Mönche, die sonst die abgeschiedensten Orte für ihre Klöster suchten, mieden – mit Ausnahme von Zella bei Clausthal – das Harzinnere. Sie gründeten am Fuß der Berge, wo Landwirtschaft möglich war, in Goslar, Ilsenburg, Walkenried und am Michaelstein bei Blankenburg große Klöster. Reichtum und Glanz der Städte am Harzrand, insbesondere im Norden, wuchsen, als der Raum zwischen Weser, Harz und Elbe unter Karl dem Großen Sprungbrett für die Erweiterung des Reichs nach Osten wurde. Der Beginn eines einheitlichen deutschen Reichs unter Otto I. fällt zeitlich – um 1000 – mit dem Beginn des mittelalterlichen Harzbergbaus zusammen. Die Region wurde für fast 200 Jahre zum Herzen des Reichs und erlebte aufgrund ihrer zentralen Lage, durch Handel, Bergbau und die Fruchtbarkeit der Bördelandschaft vor dem Nordrand eine weitere zwei bis drei Jahrhunderte währende Blütezeit.

Dichter Wald bedeckt die Flanken der Harzberge, die überall steil aus dem Umland aufsteigen. Auf den Höhen wachten früher zahlreiche Burgen über den Zugang in das erzreiche Innere des Harzes. Die meisten sind zu Ruinen zerfallen, von manchen ist nur der Name geblieben, andere sind zu ansehnlichen Schlössern geworden. Den Bächen entgegen zu ihren Quellen führen die Wege in den Harz hinein, in die Wälder mit hohen Fichten und mächtigen Buchen. Die Täler sind meist tief eingeschnitten.

1961
Mauerbau. Der Brocken wird zum Sperrgebiet

1989
Die innerdeutsche Grenze verschwindet mit dem Fall der DDR

2000
Im Nationalpark werden Luchse ausgewildert – mit Erfolg

Anfang 2006
Die beiden Harzer Nationalparks werden zum „Nationalpark Harz" vereinigt

2010
Die Oberharzer Wasserwirtschaft erhält ebenso wie Goslar (1992) und Quedlinburg (1994) von der Unesco den Welterbe-Status

Um 1450 begann die intensive Erschließung und Besiedelung des Oberharzes. Die Landesherren riefen Bergleute aus dem Erzgebirge ins Oberharzer Revier, Bergwerke und Verhüttung standen in den sieben Bergstädten unter Landeshoheit. Verglichen mit den Dörfern oder den Handwerkervorstädten waren die Bergstädte geräumig und adrett. Damals entstanden die vielen Teiche und Gräben, die für das Antriebswasser der bergbaulichen Einrichtungen sorgten. Zwei Kriege setzten dem prosperierenden Landstrich mit seinen Burgen und Städten besonders zu. Der Südharz war einer der Hauptschauplätze im Bauernkrieg. Viele Burgen und Klöster wurden zerstört. 1525 wurden die von Thomas Müntzer geführten Bauern bei Frankenhausen vernichtend geschlagen. Hundert Jahre später verwüstete der 30-jährige Krieg große Teile des Harzes, viele Orte und Bergwerke.

Genießen Sie bunte Feste und gutes Essen

Von Thale geht es mit der Seilbahn hinauf zum Hexentanzplatz

In die Jahrzehnte rund um 1800 fällt die Entdeckung des Harzes durch erste Touristen. Die Besteigung des Brocken, noch 1777 für Johann Wolfgang von Goethe ein Wagnis in der Wildnis, wurde schon bald zur Lustpartie. Um 1900 ist der Harz das meistbesuchte Feriengebiet in den deutschen Mittelgebirgen. Wernigerode, Blankenburg und an allererster Stelle Harzburg, wo der Kaiser zum Kuren weilte, waren noble Ferienorte. Ganz anders im Harzinneren: In den Bergstädten des Oberharzes schlossen von 1880 bis 1910 die meisten Gruben. Bittere Not zwang viele Familien zur Auswanderung. Nach dem Zweiten Weltkrieg verlief seit 1945 die deutsch-deutsche Grenze mitten durch das Mittelgebirge. Zwischen 1970 und 1992 schlossen die letzten Erzbergwerke. Heute lockt die wieder vereinte Region, den Harz und seine Bewohner kennenzulernen. Gehen Sie wandern, fahren Sie Rad oder kommen Sie dem Schienenstrang der Harzbahn auf die Spur, genießen Sie die Badeseen, die ruhigen Dörfer und kleinen Städte – und nicht zuletzt die Gastfreundschaft der Harzer, ihre bunten Feste und das gute Essen. Entdecken Sie den Harz!

IM TREND

1 Location, Location

Kultur Im Sommer hält es niemanden in überfüllten Theatersälen, dann geht es raus in die Natur. Ein ganz besonderes Erlebnis sind die Inszenierungen des *Nordharzer Städtebundtheaters* im Innenhof des Wasserschlosses Westerburg *(Westerburg 34, Westerburg)*. Den Sternenhimmel als Dach bietet auch das *Harzer Bergtheater Thale (Hexentanzplatz, www.harzer-bergtheater.de)*. Sollten doch Wolken aufziehen, sind Sie bei den *Harzer Höhlenfestspielen* im Goethesaal der Baumannshöhle gut aufgehoben *(Blankenburger Str. 35, Elbingerode, www.harzer-hoehlenfestspiele.eu, Foto)*.

2 Swin den Schläger

Trendsport Ein Universalschläger, ein weicher Ball und gute Laune. Mehr brauchen Sie zum Swingolfen nicht. Etikette und Klubmitgliedschaften Fehlanzeige. In der Region haben Sie auf zwei Anlagen des *Vereins Swingolfclub Harz* Gelegenheit, den Sport auszuprobieren. In Bad Harzburg und im Kurpark von Braunlage gibt es je einen 9-Loch-Platz *(www.swingolfclub-harz.de)*.

3 Zeitlos

Harmonisch Fachwerkhäuser und Hinterhöfe, winzige Häuschen und stattliche Burgen – der Harz hat viel zu bieten. Auch zeitgenössische Architektur. Wie gut alt und neu harmonieren, zeigt Frank Baldurs Farbfeldbild in der Marktkirche Goslar *(Kaiserbleek 5)*. Eine futuristisch anmutende schwebende Holzbox steht am Blockshornbergsweg in Hasserode *(Foto)*. Haus- und Bauherrin ist die preisgekrönte Architektin Skadi Giertz. Wer vor der *Feininger Galerie* vor verschlossener Tür steht, bekommt dennoch etwas zu sehen. Schon das Gebäude ist einen Besuch wert *(Finkenherd 5a, Quedlinburg)*.

Exotische Schlafstätten

4

Raus aus den Betten Die Übernachtungsmöglichkeiten im Harz sprengen die üblichen Sternekategorien. Immer mehr Familien verbringen die Nächte lieber unter dem Sternenhimmel als im Hotelbett. Ein bisschen Witterungsschutz gehört aber dazu. So bietet der *Waldcampingplatz Eulenburg* auch Heubetten in seiner Scheune an *(Scheerenberger Str. 100, Osterode, www.eulenburg-camping.de)*. Zurück in die Vergangenheit geht es im Camp der *Harzköhlerei Stemberghaus* in Hasselfelde. Dort schlafen Sie in einer Köhlerhütte auf Feldbetten neben dem offenen Feuer *(Stemberghaus 1, www.koehler-camp.de, Foto)*. Eine Zeitreise ist auch die Übernachtung auf der *Indianer-Ranch*. Geschlafen wird im Tipi, tagsüber warten indianische Wettkämpfe und Wildwestgeschichten *(Wegehaus 1, Neudorf, www.indianer-ranch.de)*.

Hochprozentiger Harz

5

Gebranntes Zum deftigen Essen gehört der hochprozentige Abschluss dazu. In der *Hammerschmiede* in Zorge erleben Sie bei einer Führung hautnah, wie Gewürzliköre, Obstbrände und der Harzer Single Malt Whisky *Glen Els* entstehen *(Elsbach 11a, Foto)*. Führungen und Verkostungen seiner gebrannten Spezialitäten bietet auch *Destilia quitilinga* an. Aus regionalem Obst, Kräutern und Getreide werden auf dem historischen Hof Destillate und Liköre gebrannt *(Wipertistr. 1a, Quedlinburg)*. Nach Vereinbarung können Sie die Wiege des *Schierker Feuersteins* in Schierke am Brocken kennenlernen *(Brockenstr. 3)*. Den Bitter und weitere Liköre und Schnäpse bekommen Sie auch bei *Casa Culina* in Osterwieck *(Östernstr. 1)*.

STICHWORTE

BERGWERKE
Silber, Eisenerze, Kupfer, Blei und Zink wurden seit dem 9. Jh. aus der Tiefe der Berge geholt, die Harzer Bergwerke besaßen Europas tiefste Schächte. Seit 1992 stehen die letzten Erzgruben still. Die Anlagen wurden zu Museen und Schauschächten. Eine Broschüre über die 20 Besucherbergwerke und Bergbaumuseen gibt bei den Touristbüros.

FAUNA
Die Harzer Tierwelt ist sehr viel artenreicher, als es Hirsche und Rehe an den bei Tieren und Zuschauern so beliebten Wildfütterungen erscheinen lassen. Vor dem Menschen verbergen sich Luchse, Wildkatzen, Eulen, Uhus, Schwarzstörche und noch wenige Auerhühner. Raubvögel (Bussarde, Rotmilane, gelegentlich auch Habichte und Fischadler) kreisen über den Hügeln im Vorharz und im Unterharz. Dank der ebenfalls vielfältigen Blumenwelt gibt es viele Schmetterlingsarten und Singvögel. Auch eingebürgerte Mufflons und Waschbären leben im Harz.

FLORA
Typisch und unübersehbar ist im Sommer das purpurne Leuchten von Fingerhut und Weidenröschen an den Waldrändern und auf den Lichtungen der Oberharzer Fichtenwälder. Wenige Arten bilden die ganz besondere Flora der Moore: Torfmoos, Wollgras, Bärlapp und Sonnentau, der das magere Nährstoffangebot des Moors durch Fangen und Verdauen von Insekten aufbessert,

Bild: Brockenbahn

Von Hexen und Höhlen: Was Sie über Land und Landschaft, über Menschen und Harzer Merkwürdigkeiten wissen sollten

gedeihen nur dort. Raritäten wie Arnika, Feuerlilie und Orchideen wachsen in der bunten Blütenfülle der Bergwiesen, die als Weiden für die Kühe und Ziegen der Bergleute, Holzfäller und Köhler dienten.

GEOLOGIE

Alexander von Humboldt nannte das Gebiet zwischen dem nördlichen Harzrand bei Goslar und den Tälern von Oker und Innerste bei Altenau und Clausthal-Zellerfeld die „klassische Quadratmeile der Geologie". Nur an wenigen Stellen Europas liegt so viel Erdgeschichte in solcher Vielfalt offen vor den Augen der Betrachter. Der Besuch von Bergwerken und das Sammeln seltener Mineralien gehörten zum Programm gebildeter Reisender, die sich im Harz vor 200 Jahren Aufschlüsse über den Ursprung der Erde erhofften. Geologische Lehrpfade gibt es u. a. bei Goslar, im Okertal, in und um Clausthal-Zellerfeld und St. Andreasberg sowie bei Wernigerode, Elbingerode und Wettelrode. *www.geopark-harz.de*

JOHANN WOLFGANG VON GOETHE

Seine beiden Harzreisen 1777 und 1783 waren dienstlich. Der erst 28 Jahre alte „Geheime Rat" und Minister für den weimarschen Bergbau besuchte Deutschlands damals bedeutendstes Bergbaugebiet und erforschte den Harz über sein Fachinteresse hinaus. Er sah sich Bergwerke an, studierte die Geologie im Okertal und am Rammelsberg. Am 10. Dezember 1777 bestieg er den Brocken und sammelte Eindrücke für die Darstellung der Walpurgisnacht im „Faust".

HEXEN

Sie fehlen an keiner Andenkenbude, und zu Walpurgis reiten sie auf ihren Reiserbesen vor den Gästen durch den Kurpark. Den Hexen wurde aus unterschiedlichen Quellen ein Umgang mit bösen Mächten nachgesagt: In Sagen und Mythen trafen sie sich auf dem Brocken und an anderen „Hexentanzplätzen" und machten dem Teufel ihre Aufwartung. Das Wissen der weisen Frauen des Mittelalters um Medizin, Kräuterkunde, Geburtshilfe und Abtreibung war der Kirche als „magische" Praktik verdächtig. Die Frauen wurden der Ketzerei und des Pakts mit dem Teufel bezichtigt – und darauf stand die Feuerstrafe. Es war leicht, sie zu denunzieren, sie bei Seuchen und Missernten zu Sündenböcken zu machen. Sie wurden verfolgt und zu Tausenden gefoltert und verbrannt.

HÖHLEN

Die Karstgebiete des Kalks bei Rübeland, Elbingerode, Scharzfeld und Bad Grund sowie der Gipskarst im Südharz sind reich an Felslöchern und Höhlen. Sie entstanden, als eingelagerte Kalk- und Gipsmassen bei der Gebirgsfaltenbildung von unterirdischen Wasserläufen ausgespült wurden. Besonders spektakulär sind die Rübeländer Tropfsteinhöhlen. Die ca. 600 000 Jahre alte Baumannshöhle dort ist die älteste deutsche Besucherhöhle. In der Einhornhöhle bei Scharzfeld sind Fossilien aus der Eiszeit zu sehen. Der Iberg bei Bad Grund wurde zum *Höhlenerlebniszentrum* ausgebaut, in dem die Entstehungsgeschichte multimedial zu erleben ist.

NATIONALPARK

Wenige Tage vor der Wiedervereinigung schuf die letzte DDR-Regierung den *Nationalpark Hochharz*, der mit 81 km^2 das Brockengebiet, das Ilse- und Eckertal umfasst. Die Hochmoore und die Bergfichtenwälder an der Baumgrenze gehören zur Kernzone des Parks, in der keinerlei Nutzung stattfindet. 1994 wurde in Niedersachsen der 158 km^2 große *Nationalpark Oberharz* eingerichtet: Dazu gehören die obere Bergregion zwischen Torfhaus, Braunlage und St. Andreasberg, der Bergrücken des Ackers, das obere Siebertal und das Eckertal bis zum Harzrand. Anfang 2006 wurden beide Parks zum *Nationalpark Harz*, dem ersten länderübergreifenden Nationalpark in Deutschland, zusammengefasst. Im Park gelten strenge Regeln: Die Wege dürfen nicht verlassen werden. Es dürfen keinerlei Pflanzen, auch keine ungeschützten, mitgenommen werden. Ranger sorgen für Ordnung und beraten Besucher.

NATUR

Unterschiede in Klima, Sonneneinstrahlung, Bodenverhältnissen und Höhenstufen, die Wechsel der Landschaft von tiefen Tälern mit Felshängen zu lieblichen Wiesentälern, von steilen Bergkuppen zu sanften Hügeln und weiten Hochflächen haben höchst unterschiedliche Lebensräume für Tiere und Pflanzen geschaffen. In gleichem Maß hat der Mensch das Antlitz der Land-

Rübeland: Die Beleuchtung schafft fantastische Spiegelungen im Olmensee der Hermannshöhle

schaft geprägt. Urwüchsige Natur gibt es eigentlich nur noch auf kleinen Restflächen, die für den Menschen nicht erreichbar und nutzbar waren. Dazu zählen die Hochmoore, einige Schluchtwälder, Felswände und wenige offene Flächen.

SCHMALSPURBAHN

Nach dem Ende der DDR wurde den 140 km Schmalspurstrecken durch den Harz keine Chance mehr eingeräumt. Die *Harzquerbahn* von Wernigerode nach Nordhausen, die *Selketalbahn* und ihre Verbindungsstrecken sollten stillgelegt werden. Nur die *Brockenbahn* sollte als touristische Bergbahn mit modernen Dieseltriebwagen überleben. Doch der Einsatz der „Interessengemeinschaft Schmalspurbahn" und die richtige Nase von Lokalpolitikern im Ostharz hat die Bahn, die noch 1972 zum technischen Kulturdenkmal erklärt worden war, gerettet. Die Schmalspurbahnen sind heute im Besitz der Kreise und Gemeinden, auf

deren Gebiet ihre Schienen verlaufen. Eine Fahrt mit den von schnaufenden und rauchenden Dampfloks gezogenen Schmalspurbahnen gehört zum Muss eines jeden Harzurlaubs. Wer auf den Brocken will, ohne zu laufen, für den bleibt ohnehin nur die Bahn als Alternative. Wer gemütlich und ohne Drängelei Bahn fahren und dabei die Harzlandschaft betrachten will, wählt besser eine Tour durch das Selketal oder eine Fahrt mit der Harzquerbahn. Es gibt auch preiswerte Kombitickets für mehrere Strecken/Tage *(www.hsb-wr.de)*.

WALD

Schon der Bergbau im Mittelalter hatte die ursprünglichen Urwälder bis tief ins Gebirge hinein gelichtet. Der Bedarf an Holz war riesig: Brennholz und Holzkohle dienten zum Ausschmelzen der Erze. Hinzu kam später der Holzbedarf für technische Bauten, für Häuser der Bergarbeiter, für deren Heizung, fürs

Bierbrauen und Brotbacken. Nach 200 intensiven Bergbaujahren war um 1700 der Oberharz weitgehend kahl. An die Stelle des ursprünglichen Laubwalds aus Buchen, Bergahorn, Eschen, Ebereschen und Birken in den unteren und mittleren Lagen traten Aufforstungen mit schnell wachsenden Fichten, die bis heute das Bild des Harzes bestimmen.

Sie feierten die Hochzeit Wotans mit Freia, der Maienkönigin. Dabei handelte es sich um ein Opferfest, das an heiligen Stätten wie Berggipfeln oder Quellen begangen wurde. Der Brocken zählte dazu: Der riesenhafte Berg, dessen Haupt so oft in dichten Wolken verborgen ist, war den Menschen früher unheimlich. Der Weg dorthin führte durch dunkle Wälder,

Wehe, wenn sie losgelassen! In der Walpurgisnacht lassen die Harzer Hexen die Sau raus

Die einstigen Ertragswälder sollen nicht nur im Nationalpark nach und nach wieder Natur werden, die nach ihren eigenen Gesetzen lebt. Forstliche Maßnahmen unterstützen in einer längeren Übergangsphase die Wiederverwilderung der Harzwälder: Die Fichtenforste werden mit Laubbäumen gemischt, abgestorbene Bäume bleiben als Brut- und Nahrungsbäume für Insekten stehen, bis sie umstürzen, vermorschen und so zum Lebensraum für Moose, Pilze und Käferlarven werden.

WALPURGIS
● Die Feiern in der Nacht zum 1. Mai haben ihre Wurzeln in den uralten heidnischen Bräuchen der Germanen.

vorbei an Klippen, deren Form die Fantasie anregte. Vermischt mit Aberglauben entstanden so die Sagen von den Hexen, die am 30. April nachts auf den Brocken flogen, wo sie dem obersten Teufel Urian ihre Aufwartung machten. Nach seiner Ansprache tanzten sie mit obszönen Gebärden den Schnee weg und machten so dem Frühling und seiner Fruchtbarkeit Platz. Die Besen waren als Fluginstrument nicht immer dabei, aber da man sie beim Auskehren des Winters brauchte, wurden sie zum Attribut der Hexen. Beim ersten Hahnenschrei endete das Fest.

WASSER
Der Harz ist sehr regenreich, besonders westlich vom Brocken, auf dem

mit 1600 mm Niederschlag im Jahr ein Rekordwert für Mitteleuropa erreicht wird. Weiter östlich liegen im Regenschatten des Oberharzes und des Brockens vergleichsweise trockene und warme Landstriche. Bis im 20. Jh. moderne Talsperren gebaut wurden, war der Oderteich der größte künstliche See im Harz. Heute sind fast alle großen Harzbäche durch Talsperren aufgestaut. Sie dienen der Trinkwasserversorgung vieler Städte im Umland und dem Hochwasserschutz. *www.harzwasserwerke.de*

WELTKULTURERBE

Einen Status von Weltrang in der einzigartigen Kulturlandschaft Harz genießen Goslar und Quedlinburg. 1992 wurden das Erzbergwerk Rammelsberg und die mittelalterliche Altstadt Goslars mit der Kaiserpfalz von der Unesco zum Weltkulturerbe erhoben. Zwei Jahre später folgte dann Quedlinburg, das mit rund 1300 Fachwerkhäusern sowie zahlreichen Jugendstilbauten zu den größten Flächendenkmälern in Deutschland gehört. Hinzu kommt als architektonisches Meisterwerk der Romanik die Quedlinburger Stiftskirche St. Servatius.

2010 nahm die Unesco auch die Oberharzer Wasserwirtschaft in den auserwählten Kreis auf. Formal wurde sie der Welterbestätte Goslar zugeschlagen. Das als *Oberharzer Wasserregal* bekannt gewordene System erstreckt sich jedoch über das gesamte Gebiet zwischen Goslar im Norden und Walkenried im Süden. 107 Teiche, 310 km Gräben und 31 km Wasserläufe gehören dazu. Der weitaus größte Teil liegt im Oberharz. Die Wasserwirtschaft, ein Meisterwerk früherer Bergbau- und Ingenieurskunst, ist weltweit eines der größten vorindustriellen Energieversorgungssysteme. Bereits seit dem Mittelalter wurden Gräben und Teiche angelegt, um für die Wasserräder in den Pochwerken und Gruben das ganze Jahr genug Wasser zu haben.

DER WEG ZUM WANDERKAISER

Das Wandern gehört nach wie vor zu den Hauptaktivitäten bei Urlaubern und Tagesgästen. Einen besonderen Kick haben die Touren durch die Harzer Wandernadel erhalten, die es seit einigen Jahren in verschiedenen Ausführungen gibt. Für den Titel „Harzer Wanderkaiser" muss man 222 Stempelstellen per pedes – oder wahlweise auch mit dem Fahrrad – erreichen. Platziert sind die Stempelkästen an besonders attraktiven Aussichtspunkten, in der Nähe von geologischen oder botanischen Besonderheiten sowie an geschichtsträchtigen oder kulturell herausragenden Orten. Die Stempel kommen in einen Wanderpass, der für einen geringen Betrag in den Tourismus- und Kureinrichtungen der Harzorte oder im Buchhandel zu erwerben ist. Dort gibt es auch eine Karte, in der die Wanderziele mit den Stempelkästen verzeichnet sind.

Wer sich eine Nadel anstecken möchte, legt seinen Wanderpass bei einer der Ausgabestellen vor. Dort wird die Stempelzahl geprüft und die entsprechende Nadel für einen kleinen Obolus ausgehändigt. Für acht Stempel gibt es immerhin schon Bronze. Die Wandernadel hat sich zu einem echten Renner entwickelt: In Spitzenjahren werden mehr als 10 000 Pässe verteilt.

ESSEN & TRINKEN

Die Forellen kommen aus den klaren Harzbächen, aus den Wäldern tragen Reh, Hirsch und Wildschwein, Pilze und Heidelbeeren zur gesunden Vielfalt der Harzer Küche bei.

Viele Harzer Köche verwenden diese Zutaten aus der Umgebung und haben eine neue Küchentradition intensiver Geschmacks- und Duftnoten geschaffen. Und auch „gutbürgerlich" kann verteufelt gut schmecken, wenn ein Koch mit Fantasie die schlichte Küche der Bergleute und der Ackerbürger durchforscht.

An den Festtagen holten die einfachen Leute Würste und Speck aus dem Rauch. Die Harzer Schmorwurst besteht aus fein gehacktem Schweinefleisch, das mit Speck und Kümmel abgeschmeckt, gebrüht und dann geräuchert wird. Sie

und die fettere Brägenwurst sind die klassische Begleitung zum Braunkohl, wie die Harzer den Grünkohl nennen. Rot- und Leberwurst werden mit Pfeffer, Thymian und Majoran abgeschmeckt. Vom südlichen Harzrand und aus dem Eichsfeld, wo das Leben immer schon üppiger war, kommen feine, harte Schweinemettwürste, die luftgetrockneten „Eichsfelder Feldkieker" und Stracken, die wie Landschinken und Speck hauchdünn aufgeschnitten sein wollen, um ihr volles Aroma zu entfalten.

Im Südharz und im Kyffhäuser weiden Schafherden auf kräuterreichen Wiesen, deren Aroma den Lämmern Wohlgeschmack verleiht. Hammel wird traditionell mit viel Zwiebeln und Kümmel geschmort. Auch die einstige „Berg-

Bild: Harzer Käse

Wurstvariationen, Kräuter und Forellen: Die neue Harzer Küche wurzelt in der Tradition und verfeinert Deftiges

mannskuh", die Ziege, ist mit Braten vom Zicklein und würzigem Ziegenkäse wieder im Kommen. Und auf den Bergwiesen im Oberharz und im Unterharz rund um Hasselfelde weidet wieder das Harzer Rotvieh, das nicht nur Schmorbraten und luftgetrocknetes Hobelfleisch liefert.

Gemüse und Kräuter gehörten immer zur Alltagskost. Wildkräuter wie Bärlauch (Ramsen), Brennnessel, Löwenzahn, Taubenkropf, Sauerampfer tauchen wieder in den Küchen auf. Gemüse kommt aus den fruchtbaren Niederungen am Harz-

nordrand, Pilze wie Pfifferlinge, Hallimasch, Steinpilze, Maronen und Reizker aus den Wäldern. Kartoffeln gehören schon lange dazu: An der Alten Poststraße zwischen Braunlage und Tanne erinnert ein Gedenkstein an den Oberjägermeister Georg von Langen, der 1748 den Kartoffelanbau im Harz einführte.

Das Lieblingsgetränk der Harzer war und ist das Bier. Für Nachschub sorgt vor allem die Hasseröder Brauerei in Wernigerode. Am Rand der Harzstadt ist in den vergangenen Jahren ein hochmodernes

SPEZIALITÄTEN

▶ **Bachforelle** – frischer Fisch aus der regionalen Zucht wird gedünstet, gebraten oder geräuchert

▶ **Braunkohl mit Brägenwurst** – Grünkohl wird mit Bauchfleisch vom Schwein gegart. Dazu gibt es Brägen- oder Schmorwurst und Salz- oder Bratkartoffeln

▶ **Halberstädter Würstchen** – passend für die kleine Mahlzeit in der Ferienwohnung. Die echten Halberstädter aus der Dose sind seit mehr als 100 Jahren ein Erfolgsrezept

▶ **Heidelbeeren** – angerichtet mit Hefeklößen oder auch als Heidelbeersuppe mit Mehl- oder Grießklößchen (Foto l.)

▶ **Karnickel** – es wird einige Tage in Buttermilch eingelegt, dann als Braten mit Sauce zubereitet; dazu Klöße, grüne Bohnen mit Thymian und Waldpilzen

▶ **Klöße, Birnen und Speck** – ein Armeleute-Feiertagsgericht aus Großmutters Rezeptbuch. Zu den Klößen aus gekochten Kartoffeln gibt es Birnenkompott, gebratene Speckstreifen und Zwiebelringe

▶ **Pflaumenmus** – vollreife Hauspflaumen und grüne Walnüsse als Gewürz werden im Kessel ohne Zucker zu Mus verkocht, das dauert Stunden und erfordert pausenloses Rühren

▶ **Salzhering mit Pellkartoffeln** – ein Genuss mit Schmand, Salzgurken, Zwiebel- und Apfelringen

▶ **Schlachteplatte** – würzige Rot- und Leberwurst, Gehacktes und Sülze vom frisch geschlachteten Hausschwein. Dazu gehört ein Harzer Korn oder Kräuterlikör

▶ **Schmandkuchen** – dieser Hefekuchen mit Zucker und saurer Sahne schmeckt ganz frisch vom Blech am besten

▶ **Wildspezialitäten** – Rehrücken, Wildschwein, Hirschbraten mit Preiselbeeren und andere Wildgerichte sind angesagt in guter Harzer Küche (Foto r.)

Brauhaus errichtet worden. Über 2 Mio. Hektoliter des Gerstensafts werden hier jährlich hergestellt und bundesweit verkauft. In Altenau und Sangerhausen existieren noch kleine Brauereien, die speziell für den regionalen Markt produzieren.

Von den früher zahlreichen Ortsbrauereien sind jedoch nur wenige geblieben, die Spezialbiere brauen wie die obergärige Gose, Broyhan oder naturtrübes Bockbier. Das alkoholfreie Clausthaler gehört übrigens nicht dazu, es wird in Frankfurt abgefüllt. In der Museumsbrauerei in Wippra können Bierfreunde sehen, wie früher in den kleinen Brauereien gearbeitet wurde.

Eine unerwartete Renaissance erfuhr in jüngster Zeit das Harzer Urbier „Gose". Das nach dem Flüsschen, das die ehemalige Kaiserstadt Goslar durchfließt, benannte Gebräu war eigentlich schon seit Mitte des 19. Jhs. vom Markt verschwunden. 1993 wurde im Stadtteil Oker die Brautradition in kleinen Mengen wieder aufgenommen. Seit einigen Jahren wird nun auch wieder in der Altstadt produziert – in einem kleinen Brauhaus mit Gaststätte. Goslar gehört übrigens zu dem erlauchten Kreis von nur drei Städten in ganz Deutschland, die eine eigene Biersorte haben. Nur Köln, dessen „Kölsch" allerdings ungleich bekannter ist, und Leipzig können sich sonst noch eigener Biersorten rühmen. In der sächsischen Metropole heißt das Bier ebenfalls Gose, was natürlich kein Zufall ist, sondern im Gegenteil historische Verbindungen zum Harz belegt. Die Goslarer Gose ist ein Weizenbier, hergestellt aus obergäriger Hefe.

In Westerhausen bei Quedlinburg hat sich Deutschlands nördlichstes Weingut etabliert: Kirmann keltert jährlich rund 20 000 Flaschen Weißwein. Apfelsaft aus dem Südharz und dem Kyffhäuser bekommen Sie nur vor Ort.

Im 19. Jh. haben Apotheker in den Bergnestern mit allerlei Kräutern experimentiert und eine Reihe erfolgreicher Kräuterliköre erfunden. Am bekanntesten wurde der „Schierker Feuerstein". Auch im Harzvorland brennt und trinkt man Korn. Die „Lütjen Lagen" und „Stein-Pils-Kuren" (Korn, Steinhäger, Bier) strecken sogar Einheimische nieder.

Für den Imbiss stehen vielerorts Buden bereit, wo die Thüringer noch auf echter Glut brutzelt. Im Osten treffen Sie am

Straßenrand auf nicht wenige Erbsensuppenkanonen der einstigen Nationalen Volksarmee, die jetzt erfolgreich in Privathand sind.

Übrigens: Die Bergleute nahmen früher einen Kanarienvogel mit in die Grube – als Frühwarnsystem vor drohender Luftknappheit oder Gasaustritt. Wurde es im Stollen stickig, hörte der Vogel auf zu

In solchem Ambiente wie hier in Quedlinburg kann man sicher gemütlich speisen

singen. Er wurde wegen seines rollenden Gesangs auch „Harzer Roller" genannt. Der gleichnamige Harzer Käse wird aus Magerquark zu kleinen Stangen gerollt und mit Salz und Kümmel gewürzt. Er enthält höchstens ein halbes Prozent Fett, dafür aber alles Eiweiß und alle Mineralien der Milch. Man isst den Harzer auf Graubrot mit Zwiebeln und Schmalz (das gleicht den niedrigen Fettgehalt wieder aus) zum Bier.

EINKAUFEN

Andenkenläden und Kioske sind vollgestopft mit Kitsch und Geschmacklosigkeiten, die nur selten aus dem Harz kommen. Die meisten Hexenpuppen stammen aus China und Taiwan. Aber es gibt auch einheimische Hexen ohne Plastikanteil. In den Oberharzer Bergstädten arbeiten Holzschnitzer, und es werden wieder Spitzen geklöppelt. Die *Shops der Nationalparkhäuser* verkaufen Kunsthandwerk, Schmuck und Textilien, die in der Region aus Naturmaterialien hergestellt werden.

Übrigens: Alles, was das Prädikat „Typisch Harz" trägt – ob Wurst oder Likör, Schmuck, Keramik oder Glas –, kommt auch aus dem Harz. *www.harzinfo.de*

AUS DEM BERGBAU

Zinnfiguren stellen Harzer Bergbaugeschichte dar. Sie gibt es in besonders großer Auswahl im Goslarer *Zinnfigurenmuseum* und im *Herzberger Schloss* zu kaufen. Gedrechselter Weihnachtsschmuck, Nussknacker, Pyramidenleuchter und Holzfiguren erinnern daran, dass die Harzer Bergleute ursprünglich aus dem Erzgebirge kamen. In Bergwerksmuseen und Mineralienläden bekommt man neben Harzer Mineralien Stücke aus allen Teilen der Welt, wobei die Herkunft korrekt angegeben wird. Dort gibt es auch Repliken von historischen Silbermünzen aus der Bergbauzeit.

Mit dem Bergbau wäre beinahe auch die Köhlerei im Harz verschwunden. Doch dank der Freude hierzulande am Grillen wird wieder Holzkohle gebraucht: 150 t jährlich produziert die *Harzköhlerei Stemberghaus* bei Hasselfelde. Die echte Harzer Buchenholzkohle wird in 3- und 10-kg-Säcken verkauft. *www.harzkoehlerei.de*

KUNSTHANDWERK

Eine schön dargebotene und vielseitige Auswahl an Kunsthandwerk bieten in Goslar das mittelalterliche Spital *Großes Heiliges Kreuz (Hoher Weg 7)*, in Wernigerode der Handwerkerhof *Remise (Marktstr. 1)*, in Quedlinburg der *Wipertihof (Wipertistr. 1a)* und in Clausthal-Zellerfeld der Kunsthandwerkerhof *Alte Zellerfelder Münze (Bornhardstr. 11)*.

Eine gute Auswahl findet sich auch auf den Verkaufsausstellungen einheimischer Kunsthandwerker und Künstler, z. B. in der *Rathausscheune* in St. Andreasberg *(Januar, Woche nach Ostern, November)*, bei Ortsfesten und natürlich auf den Weihnachtsmärkten.

Immer mehr lokale Kunsthandwerker schaffen schöne Handarbeiten – jenseits der omnipräsenten Hexenpüppchen

Spannend auch für Kinder sind die Führungen in der ● *Glasmanufaktur Harzkristall (Mo–Fr 9–18, Sa/So 10–17 Uhr | www.harzkristall.de)* am Ortsrand von Derenburg, zwischen Blankenburg und Wernigerode. Einmalig ist die *Harzer Uhrenfabrik* in Gernrode – sie ist die einzige Kuckucksuhrenfabrik nördlich des Schwarzwalds. *www.harzer-uhren.de*

LEBENSMITTEL

Das Fernsehen von NDR und MDR hat die Fleischer im Harz entdeckt. Es besucht regelmäßig die Harzer Schlachtereien, berichtet über solide gemachte Mettwürste und Sülzen, deren Rezepte seit Generationen vererbt werden. Und über Neues, wie den Einsatz von *Ramsen*, wie die Oberharzer den Bärlauch nennen: Ein Fleischermeister aus St. Andreasberg hat hier eine Lawine losgetreten und geht jetzt in die Tiefe mit dem Oberharzer Grubenschinken, der in alten Silbergruben reift.

Kukkis Erbsensuppe hat Kultstatus. Sie gibt es an den beiden Feldküchen zwischen Braunlage und Elend und in Drei Annen. Oder man ordert sie in der Dose: *www.kukki.de*
Ein Teil der Äpfel, Birnen, Kirschen und Zwetschgen von den Streuobstwiesen am Harzrand und am Kyffhäuser wird zu Saft und edlen Obstbränden verarbeitet. *www.kirschtilla.de, www.destilia-q.de*
Die Kuh der armen Leute ist wiederentdeckt: Ziegenkäse ist hochbegehrt, aromatisch, cholesterinfrei. Es gibt ihn in *Sophienhof* bei Rothesütte und *Buntenbock* bei Clausthal-Zellerfeld. Und auf den Harzer Bauernmärkten in Wernigerode, Osterode und Clausthal-Zellerfeld. Pilze, Heidelbeeren, Bärlauch sind Geschenke der Natur und beliebte Mitbringsel aus dem Harz. Doch Besucher stehen hier meist in direkter Konkurrenz mit den Einheimischen, die oft alles tun, damit man ihre Stellen nicht entdeckt. In Teilen des Nationalparks und in Naturschutzgebieten darf man nicht sammeln.

DIE PERFEKTE ROUTE

BERGBAU & HOLZKIRCHEN

In ① *Goslar* → S. 39 auf dem Marktplatz, einem der schönsten im Land, stimmt Sie ein Glockenspiel auf die 1000-jährige Bergbautradition ein. Nach einem Rundgang durch die historische Altstadt verschaffen Sie sich im Besucherbergwerk am ② *Rammelsberg* → S. 42 einen Eindruck von der schweren Arbeit unter Tage. Danach geht es über Tage mit dem Auto serpentinenartig in Richtung Clausthal-Zellerfeld. Am Kreuzeck machen Sie einen Schlenker zu der nach norwegischem Vorbild errichteten Stabkirche in ③ *Hahnenklee* → S. 74. Sie ist ebenso aus Holz gebaut wie die wuchtige Marktkirche in ④ *Clausthal* → S. 71, die Sie im Anschluss besuchen – Deutschlands größte Holzkirche.

SPORTLICH UNTERWEGS

Auf der Harzhochstraße verlassen Sie die Universitätsstadt Richtung Braunlage. Bei Sonnenberg passieren Sie den ⑤ *Oderteich* → S. 79, Europas älteste Talsperre. Im Sommer lädt das angenehm weiche Wasser zu einem Bad mitten im Welterbe „Oberharzer Wasserregal" ein (Foto l.). Erfrischt können Sie Ihre Fahrt nach ⑥ *Braunlage* → S. 66 fortsetzen. Dort befördert Sie die Seilbahn auf den ⑦ *Wurmberg* → S. 67, im Winter eins der schneesichersten Skisportzentren im Harz. Zurück geht es zu Fuß oder mit einem an der Bergstation ausgeliehenen Monsterroller. Schussfahrt nach Braunlage ist garantiert.

HÖHEN & HÖHLEN

Der Nachbarort ⑧ *Schierke* → S. 80 gilt als Tor zum ⑨ *Brocken* → S. 68, den Sie von hier aus bequem mit der Bahn erreichen können. Schnaufend und pfeifend zieht eine nostalgische Dampflok die Waggons den Berg hinauf. An klaren Tagen wird Ihr Ausflug zum Dach des Harzes mit einzigartiger Fernsicht gekrönt. Ab Schierke reisen Sie wieder per Auto – nach ⑩ *Rübeland* → S. 87, wo sie zwischen zwei Tropfsteinhöhlen wählen können. Sehenswert sind beide: Baumanns- und Hermannshöhle.

BURGEN & SCHLÖSSER

Tauchen Sie nun ein ins Reich der Burgen und Schlösser. Dazu geht es zunächst zurück über Elbingerode nach ⑪ *Wernigerode* → S. 49. Über den Dächern der bunten Stadt am Harz thront ein märchenhaftes Schloss, das „Neuschwanstein des Nordens" (Foto r.). Die Besich-

tigung ist ein Muss. Als nächste Station folgt ⑫ *Quedlinburg → S. 45.* Die winkeligen Gassen des Welterbes laden zum Schauen, gemütliche Cafés zum Verweilen ein. Über Meisdorf nehmen Sie dann Kurs auf ⑬ *Burg Falkenstein → S. 36.* Stürmen Sie eines der besterhaltenen mittelalterlichen Harzer Bollwerke.

ROSENGARTEN & WILDE NATUR
Auf Nebenstrecken setzen Sie Ihre Tour über Wippra nach ⑭ *Sangerhausen → S. 59* fort. Im größten Rosarium der Welt betört Sie der Duft von 8300 Rosensorten und -arten. Hier am Südharzrand erleben Sie zudem einen in Europa einmaligen Naturraum: eine 100 km lange Karstlandschaft. Auf dem Fernwanderweg zwischen Sangerhausen und Osterode gibt es etliche Einstiegschancen – auch in ⑮ *Questenberg → S. 59,* das von bizarren Gipsfelsen geprägt ist. Schnüren Sie Ihre Wanderstiefel für ein paar Karstkilometer.

AUSFLUG & AUSKLANG
Nur einen Steinwurf vom Harz entfernt ragt das ⑯ *Kyffhäuser-Denkmal → S. 57* in die Höhe: Wegen seiner Historie, aber auch wegen seines faszinierenden Fernblicks ist es einen Abstecher wert. Die Reise klingt nach längerer Fahrt in ⑰ *Walkenried → S. 56* aus. Im einzigartigen Ambiente des ehemaligen Zisterzienserklosters werden im Kreuzgang Konzerte gegeben – im Sommer sogar unter freiem Himmel.

260 km. Reine Fahrzeit: 5,5 Stunden. Empfohlene Reisedauer: 5 Tage. Detaillierter Routenverlauf auf dem hinteren Umschlag, im Reiseatlas sowie auf der Faltkarte

DER NORDHARZ

Am Nordrand ist die Grenze zwischen Ebene und Harzgebirge deutlich. Die Berge steigen steil aus der Norddeutschen Tiefebene und dem sanft gewellten Hügelland an, beherrscht vom Brocken, der alle Nachbarberge deutlich überragt.

Hier reiht sich an den Talausgängen eine Stadt an die andere: Goslar, Bad Harzburg, Ilsenburg, Wernigerode, Blankenburg, Halberstadt, Quedlinburg, Thale, Ballenstedt. Burgen und Schlösser stehen auf den Höhen dieser jahrhundertealten Kulturlandschaft. Zeugnisse der Geschichte erinnern an Kaiser, Könige, Dichter und Maler. Die Dörfer sind Idyllen mit Dorfbach, Bauerngärten mit Blumen, Kräutern, Kartoffeln, Rosen und Obstbäumen hinter den Lattenzäunen.

BAD HARZBURG

(119 F4–5) (⌖ E–F 1–2) Der heilklimatische Kurort (22 000 Ew.) verdankt seine Anziehungskraft der geschützten Lage am Nordrand und sieben Heilquellen.

Zu den im Harz einzigartigen Einrichtungen gehören eine Natur-Sole-Therme mit eigener Schwefel-Sole-Quelle, die historische Wandelhalle im Badepark mit Heilbrunnen-Ausschank und die Spielbank. Früher traf sich hier das vornehmste Publikum im Harz. Der Kaiser genoss die Sommerfrische, über direkte Zugverbindungen kamen Berliner Gäste in das Bad. Viele Villen und alte Hotelbauten mit den

Bild: Blick vom Schloss Wernigerode

Schönste Randerscheinungen: In der alten Kulturlandschaft am Nordrand des Harzes sind viele touristische Highlights versammelt

für den Kurbetrieb typischen vorgebauten Holzbalkonen erinnern an diese Zeit. Die Galopprennwoche sorgt im Sommer für buntes Treiben im Ort.

SEHENSWERTES

BURGBERG 🌿
In drei Minuten fährt die Großkabinenseilbahn vom Kurpark aus auf den 483 m hohen Burgberg mit den Ruinen der ehemaligen Harzburg. Lohnend sind Wanderungen auf der Höhe über dem Eckertal

durch hochstämmige Buchenwälder zu den ● 🌿 Rabenklippen mit einem Luchsgehege und einer Waldgaststätte (25. Dez.–Aug. Mo geschl, Sept.–Nov. tgl. | www.rabenklippe.de | €–€€) mit deftigen Harzer Wildgerichten.

HAUS DER NATUR ♻
Der Nationalpark zeigt hier eine informative interaktive Wald- und Naturschau von A wie Auerhuhn bis Z wie Zecke. Im Kurpark | Di–So 10–17 Uhr | www.haus-der-natur-harz.de

ESSEN & TRINKEN ÜBERNACHTEN

HOTEL BRAUNSCHWEIGER HOF

Das zentral gelegene Hotel ist im Landhausstil eingerichtet (Suiten teilweise mit Balkon). Zwei Restaurants

TANNENHOF UND WINTERBERG

Die Fachwerkbauten mit Veranden und Türmchen stehen nebeneinander am Kurpark. Wellness, Restaurant mit Fisch- und Wildküche. *28 Zi. | Nordhäuser Str. 6–8 | Tel. 05322 9 68 80 | www.solehotels.de | €€*

Plätschern und plauschen in wohlig warmem Wasser: die Sole-Therme in Bad Harzburg

mit internationaler und gehobener Harzer Küche, Wildspezialitäten. Beautyfarm. *68 Zi., 12 Suiten | Herzog-Wilhelm-Str. 54 | Tel. 05322 78 80 | www.hotel-braunschweiger-hof.de | Restaurants €€–€€€ | Hotel €€€*

HOTEL PLUMBOHMS ☺

An der Bummelallee im Zentrum der Stadt gelegenes Hotel mit hoher baubiologischer Qualität, stilvoll mit Antiquitäten eingerichtet, Wellnessbereich mit Sauna im Penthouse. Suiten teilweise mit Kamin. *7 Zi., 13 Suiten | Herzog-Wilhelm-Str. 97 | Tel. 05322 32 77 | www.plumbohms.de | €€–€€€*

INSIDER TIPP KAFFEEHAUS WINUWUK

Am Waldrand oberhalb des Golfplatzes wurde es 1922 von Worpsweder Künstlern märchenhaft-fantasievoll gebaut. Warme Küche, hausgemachte Torten und eine Kunstausstellung. *Mo geschl. | Waldstr. 9 | Tel. 05322 14 59 | www.winuwuk.de | €€*

FREIZEIT & SPORT

GOLFPLATZ ⛳

Im schön gelegenen *Golf-Club Harz* können Sie zwischen bewaldeten Hügeln auf 18 Bahnen einlochen. *Tel. 05322 67 37 | www.golfclubharz.de*

INSIDER TIPP ▶ KRODOLAND
Freizeitpark im ländlichen Ortsteil Westerode mit Spielscheune und Indianerdorf für die Kinder, Außenspiellandschaft mit Natur-Minigolf-Anlage und Swingolf für die Erwachsenen. Eine Reitanlage und ein griechisches Restaurant gehören auch dazu. *März–Okt. tgl. 10–19 Uhr, Nov.–Feb. Mo–Fr 14–19, Sa, So 10–19 Uhr | Fasanenstr. 21 | www.krodoland.de*

SOLE-THERME ●
Die Therme im Kurpark verwöhnt Sie drinnen mit 33 Grad, draußen mit 28 Grad warmem Wasser. *Mo–Sa 8–21, So 8–19 Uhr*

AM ABEND

SPIELBANK
Roulette, Black Jack und viele einarmige Banditen warten auf Ihr Geld. *Roulettesaal 18–2 Uhr, Automatensaal 13–2 Uhr | Hotel Vier Jahreszeiten | Herzog-Julius-Str. 64b | Badepark | www.spielbank-badharzburg.de*

AUSKUNFT

TOURISTENINFORMATION
Nordhäuser Str. 4 | 38667 Bad Harzburg | Tel. 05322 7 53 30 | www.bad-harzburg.de

BALLENSTEDT

(126 C2) *(ᗩ L4)* **Die geräumige, ländliche Altstadt von Ballenstedt (8000 Ew.) mit ihren krummen Gassen und Gärten ist von einer Stadtmauer umschlossen und wird vom Schlossberg überragt.**
Sehenswerte Häuser finden Sie in den Straßen Badstuben, Graben und in der Burgstraße. Eine 1250 m lange Allee führt zum barocken Schloss, das auf einem sanften Ausläufer des Unterharzes steht.

SEHENSWERTES

SCHLOSS
Es war der Stammsitz der Grafen von Askanien (Aschersleben), die um 1150

⭐ **Teufelsmauer**
Schaurig schön verwitterte Sandsteinfelsen → S. 39

⭐ **Goslar**
Kaiserpfalz und Altstadt sind Unesco-Welterbe → S. 39

⭐ **Quedlinburg**
Unesco-Welterbe: Stiftskirche und Fachwerkhäuser → S. 45

⭐ **Halberstadt**
Der gotische Dom St. Stephanus mit einem Domschatz, der weltweit zu den bedeutendsten seiner Art zählt → S. 43

⭐ **Stiftskirche St. Cyriakus**
Byzantinische Kunst im Stift der klugen Frauen in Gernrode → S. 48

⭐ **Bodetal**
Dramatischer Flusslauf zwischen hohen Felsen → S. 49

⭐ **Burg Falkenstein**
Über dem wildromantischen Selketal steht eine Burg wie im Märchenfilm → S. 36

⭐ **Schloss Wernigerode**
40 Räume im Stil des Historizismus, u. a. Festsaal und Schlosskirche → S. 50

MARCO POLO HIGHLIGHTS

Eine der am besten erhaltenen mittelalterlichen Burgen Deutschlands: Burg Falkenstein

mit Albrecht dem Bären Berlin gründeten und die slawischen Siedlungsgebiete östlich von Elbe und Saale als Mark Brandenburg mit deutschen Siedlern kolonisierten. Von 1765 an wurde das Schloss zum Repräsentationsbau der Fürsten von Anhalt umgestaltet. Die *Gärten* wurden 1858–62 mit Teichen, Wasserläufen und hohen Bäumen nach Plänen von Peter Josef Lenné, dem Gartenarchitekten der Potsdamer und Berliner Parks, mit der aus vier Bassins bestehenden, terrassierten „Wasserachse" angelegt. Der mächtige ❄ *Turmbau* mit Albrechts Grab stammt noch vom romanischen Benediktinerkloster, das bis zur Zerstörung 1525 im Bauernkrieg an der Stelle des heutigen Schlosses stand.

6 km östlich finden Sie in *Meisdorf* am *Parkhotel* einen 18-Loch-Golfplatz *(Tel. 034743 9 84 50 | www.golfclub-schloss-meisdorf.de)*.

ESSEN & TRINKEN ÜBERNACHTEN

RESIDENZ JACOBS
Unterhalb des Schlosses steht das denkmalgeschützte Haus mit 5 Apartments für 2–4 Personen. *Allee 36 |Tel. 039483 9 75 38 | www.residenz-jacobs.de | €€*

AUSKUNFT

TOURISTENINFORMATION
Anhaltiner Platz 11 | 06493 Ballenstedt | Tel. 039483 2 63 | www.ballenstedt-information.de

ZIELE IN DER UMGEBUNG

BURG FALKENSTEIN ★
(126 C3) (∅ L4)
Auf einem Sporn über dem Selketal, 9 km vor Ballenstedt, steht der Falken-

Hochwasserschutz verbessert werden soll. In der Planung sind derzeit zwei Rückhaltebecken, in denen insbesondere bei Schneeschmelze und starken Regenfällen große Wassermengen aufgestaut werden können, um flussabwärts Überschwemmungen zu verhindern. *www.rettet-das-selketal.de*

INSIDER TIPP KONRADSBURG
(127 D2) (⚏ M4)
Die Ruine der Konradsburg liegt 10 km östlich von Ballenstedt. Chor und Querschiff der Kirche und die fünfschiffige Krypta mit fein gearbeiteten Säulen und Kapitellen können geführt besichtigt werden. Die romanische Klosterkirche wurde später zum Gutshof umgebaut. Im Hof steht das Brunnenhaus über dem 45 m tiefen Brunnen mit einem Tretrad für Mensch und Esel, die „Schwarze Küche" ist eindrucksvolle Alltagsgeschichte. *Tgl. 10–17 Uhr (Nov.–März bis 16 Uhr) | www.konradsburg.com*
Im 10 km entfernten Harkerode steht der *Arnstein*, eine eindrucksvolle Burgruine mit mächtigen, mehrstöckig begehbaren Mauern.

stein. Keine andere Burg im Harz ist so gut erhalten. 1120 datiert der Baubeginn durch die Konradsburger Grafen. Um 1230 schrieb hier Eike von Repgow den „Sachsenspiegel", die älteste Sammlung deutschen Rechts. Nach 1600 wurde die Burg umgebaut, im 18. Jh. zogen die Herren ins Meisdorfer Schloss um, und im 19. Jh. erfolgte der Umbau zum Jagdschloss. Besucher müssen durch sieben Tore gehen, bevor sie den Innenhof der Kernburg betreten, wo die historischen Räume und das *Jagdmuseum* untergebracht sind. *Ca. 2 km Fußweg vom Parkplatz zur Burg | April–Okt. tgl. 10–18 Uhr | Nov.–März Di–So 10–16.30 Uhr | www.dome-schloesser.de*
Die Laubwälder am Hang unter der Burg und das Flusstal gehören zu den artenreichsten Biotopen im Harz, sie sind Naturschutzgebiet, werden jedoch durch Projekte bedroht, mit denen der

BLANKEN- BURG

(121 D–E4) (⚏ J3) **Die Altstadt mit ihren schwarz-weißen Fachwerkhäusern, der gotischen Bartholomäuskirche und dem Rathaus aus dem 15. Jh. wird vom Großen Schloss auf dem Berg beherrscht.**
Die Nähe der Stadt (22 000 Ew.) zu vielen Sehenswürdigkeiten, das milde Klima, das *Teufelsbad* mit Moorkuren, Schloss und Park zogen seit 1870 vermögende Pensionäre an, die sich hier ihre Villen bauen ließen.

SEHENSWERTES

GROSSES SCHLOSS
Das mächtige Renaissanceschloss über dem Ort wurde 1705–31 erweitert, barock umgebaut und diente den Braunschweiger Herzögen als Residenz ihrer Besitzungen im Harz. *Jan. Sa 14–16, Feb.– Dez. Sa 10–16 Uhr, Führung März–Dez. Sa 14–16 Uhr*

INSIDER TIPP HERBERGSMUSEUM
Die Gesellenherberge (1864–1916) ist originalgetreu eingerichtet und zeigt Dokumente zur Wanderschaft der Handwerksgesellen. *Bergstr. 15 | Mo–Fr 10–17 Uhr*

SCHLOSSGÄRTEN
Der Schlosspark reicht als Landschaftsgarten mit Arboretum und Teichen bis an die Harzwälder heran. Stadteinwärts erstreckt sich der barocke Terrassengarten mit sorgsam gestutzten Büschen und Bäumen, Brunnen, der Neptunsgrotte und dem *Kleinen Schloss* von 1725, das ein kleines *Museum zur Stadtgeschichte* (*Di–Sa 10–17, So 14–17 Uhr*) beherbergt.

ESSEN & TRINKEN ÜBERNACHTEN

VIKTORIA LUISE
Die stilvoll restaurierte Jugendstilvilla von 1893 mit Blick auf Harz und Schloss bietet nicht nur große, moderne Zimmer, sondern auch Sauna, Restaurant und Terrasse. *14 Zi. | Hasselfelder Str. 8 | Tel. 03944 9 11 70 | www.viktoria-luise.de | €€–€€€*

AUSKUNFT

TOURISTEN- UND KURINFORMATION
Markt 3 | 38889 Blankenburg | Tel. 03944 28 98 | www.blankenburg.de

ZIELE IN DER UMGEBUNG

KLOSTER MICHAELSTEIN
(121 D4) *(H3)*
Das ehemalige Zisterzienserkloster aus dem 12. Jh. vor den Toren Blankenburgs beherbergt heute die Landesmusikakademie Sachsen-Anhalt. Die Kirche wurde 1533 zerstört, erhalten geblieben sind Teile der romanischen Klausurgebäude und der gotische Kreuzgang. INSIDER TIPP Barockkonzerte, Klassik und Jazz werden im Refektorium aufgeführt, in den Festräumen des Jagdschlosses ist das *Musikinstrumentenmuseum* untergebracht. Der Klostergarten mit traditionellen Gemüse-, Würz- und Heilpflanzen wurde nach mittelalterlichen Vorbildern angelegt. Anfang Juli Klosterfest mit Kunstausstellungen und Konzerten. *April–Okt. Di–So 10–18 Uhr, Nov.–März Di–Sa 14–17 Uhr, So 10–17 Uhr, n. V. auch Führungen | Tel. 03944 9 03 00 | www.kloster-michaelstein.de*

BURG REGENSTEIN

(121 D4) (*J2*)

Auf dem markanten Felsklotz im Norden Blankenburgs stehen Reste mächtiger Mauern und Türme sowie 32 aus dem weichen Sandstein herausgearbeitete Felsräume. Darunter befinden sich die Burgkapelle, eine Zisterne, Gräben und ein 197 m tiefer Brunnen. Im 11. Jh. gegründet, wurde die Festung 1758 zerstört. *April–Okt. tgl. 10–18 Uhr, Nov.–März Mi–So 10–16 Uhr (bei schlechtem Wetter geschl.)*

TEUFELSMAUER ★

(121 E4) (*J3*)

Felswände und Bastionen ziehen sich als 3 km lange Kette von Blankenburgs Stadtrand bis hin nach Timmenrode. Die Felsen längs des Kammwegs überragen die Baumwipfel des Bergzugs und können zum Teil mit Eisenstiegen erklommen werden. Die Sandsteinformationen sind mehr als 80 Mio. Jahre alt und bizarr verwittert. Verkrüppelte Eichen und Kiefern klammern sich mit ihren Wurzeln an Ritzen und Löchern im Fels fest.

GOSLAR

KARTE IM HINTEREN UMSCHLAG

(119 D4) (*D–E1*) ★ **Die mittelalterliche Kaiserstadt (41000 Ew.) und die Bergwerke im Rammelsberg haben über 1000 Jahre gemeinsame Geschichte.**

Schon kurz nach der Entdeckung des Silbers 968 verlegte Kaiser Heinrich II. um 1010 die Kaiserpfalz nach Goslar und machte sie zu seinem Lieblingssitz. Mit ihren Fachwerkhäusern, den romanischen Kirchen, Befestigungsanlagen, der Kaiserpfalz und dem Rammelsberg steht Goslar auf der Liste des Unesco-Welterbes.

In jeder Straße, in jedem Winkel gibt es etwas zu sehen, allein die etwa tausend

Teil einer bizarren Felsbastion: Die Millionen Jahre alte Teufelsmauer steht unter Naturschutz

gut erhaltenen, gepflegten Fachwerkhäuser. Die *Abzucht* fließt wie im Mittelalter offen durch die Stadt – damals diente sie als Abwasserkanal für Hüttenwässer. Der INSIDER TIPP *Weg am Bach* entlang ist ein Stück beschauliches, wenig bekanntes Goslar mit kleinen Gärten zwischen den Häusern. Die *Lohmühle* mit erhaltenem Wasserrad ist die letzte von 27 Mühlen in der Stadt. Sie beherbergt das *Zinnfigurenmuseum (siehe S. 42)*. ●
INSIDER TIPP *Zeitgenössische Kunst* steht auf Straßen und Plätzen, z. B. die beiden „Dicken" von Fernando Botero.
Geführte Stadtrundgänge dauern 1,5–2,5 Stunden (Auskunft in der Touristinformation). Die Öffnungszeiten der Kirchen sind sehr unterschiedlich, zwischen November und März sind einige geschlossen.

SEHENSWERTES

ACHTERMANN
Am Ende der Rosentorstraße stehen sich der Achtermann – ein Rest der alten Mauer sowie eines Torturms – und die hochromanische *Neuwerkkirche* (1186) gegenüber. Die dreischiffige Pfeilerbasilika ist ein Hauptwerk norddeutscher Romanik.

ALTSTADT
An der Ecke Marktstraße/Bergstraße stehen die beiden wohl prächtigsten Häuser der Stadt, das *Brusttuch*, ein Patrizierhaus (heute Hotel) von 1526 mit bunten Schnitzreliefs, die Figuren aus der Sagenwelt und dem Alltag des einfachen Volks darstellen, darunter die „Butterhanne", die kokett Schenkel zeigt, und das *Bäckergildehaus*, dessen Erker (1557) ebenfalls prachtvoll geschnitzt ist. An der Bergstraße stehen prächtige Ackerbürgerhäuser und das *Siemenshaus* von 1697 (das Stammhaus der Industriellenfamilie), ein Renaissancebau mit Sonnenrosetten und Spruchbalken. Es kann im Rahmen von Stadtführungen besichtigt werden.

DOM
Vom romanischen Dom des 12. Jhs. ist nur die Vorhalle mit eindrucksvollen Stuckreliefs erhalten. In der Halle steht der fast 1000 Jahre alte „Kaiserstuhl". Der *Hohe Weg* verbindet die kaiserliche Residenz mit der Stadt der Bürger.

GOSLARER MUSEUM
Das Mittelalter, die Wirtschaftsgeschichte der Stadt sowie die Geologie des Harzes sind die Schwerpunkte. *Di–So 10–17 Uhr, Nov.–März 10–16 Uhr | Königstr. 1*

LOW BUDGET

▸ Das *Wilhelm-Busch-Haus* in Mechtshausen bei Seesen war Pfarrhaus; hier verbrachte der berühmte Dichter und Zeichner seine letzten Jahre. Man kann es für wenig Geld besichtigen und in einem Café oder im Garten sitzen. *März–Okt. Di–So 14–16 Uhr, Nov.–Feb. nur Sa, So | Pastor-Nöldeke-Weg 7 | www. wilhelm-busch-haus.de*

▸ In Thale können sich Kids im *Tollhaus*, das zwischen den Talstationen von Seilbahn und Sessellift liegt, gratis austoben.

▸ Die *Pension Deter* befindet sich in einer liebevoll restaurierten Villa im Wernigeroder Ortsteil Hasserode, mit Café (Mo/Di geschl.) und Garten. *13 Zi. | Amtsfeldstr. 36a | Tel. 03943 60 49 31*

JACOBIKIRCHE

Die gotische Hallenkirche mit einem schönen Barockaltar steht auf dem weitläufigen Jacobikirchhof und ist Etappe für die Pilger auf dem norddeutschen Jakobsweg.

KAISERPFALZ

Die Kaiserpfalz hat trotz starker Umbauten im 19. Jh. ihre romanische Grundgestalt aus dem 11. und 12. Jh. bewahrt. 23 Reichstage fanden hier statt, der letzte unter dem Stauferkaiser Friedrich II. im 13. Jh. Schließlich wurde sie zur Getreidescheune, 1865 dachte die Stadt sogar an Abbruch. Die *Ulrichskapelle* mit dem Grab Kaiser Heinrichs III. gehört zu den original erhaltenen Teilen. Die heroischen Wandgemälde des Historienmalers Herman Wislicenus im *Kaisersaal* (1879–97) zeigen die Sternstunden deutscher Geschichte im Mittelalter und die wilhelminische Reichsgründung, aber auch Szenen aus „Dornröschen" sind hier dargestellt. *Führungen tgl. 10–17 Uhr, Nov.–März 10–16 Uhr*

MARKTKIRCHE

Die Kirche von 1150 (im 15. Jh. erweitert) ist eine romanische Pfeilerbasilika. Die Glasmalereien von 1250 im Chor gehören zu den ältesten in Deutschland.

MARKTPLATZ

In der Mitte des strahlenförmig gepflasterten Markts steht der 800 Jahre alte Brunnen mit goldenem Reichsadler. Auf dem Platz und unter den Laubengängen des Rathauses wurde gehandelt. Die in die Mauer eingelassene Elle sorgte für eindeutige Maße. Davor steht der Pranger, eine Holzsäule, an die Missetäter angekettet wurden. Im *Huldigungssaal des Rathauses* tagte der Goslarer Rat; seine einzigartige Ausstattung mit Schnitzarbeiten und Malereien ist um 1500

entstanden *(April–Okt. Mo–Fr 11–15, Sa, So 10–16 Uhr)*. Gegenüber steht die ehemalige Kämmerei mit dem **INSIDER TIPP** *Glockenspiel (9, 12, 15, 18 Uhr)* von 1968, dessen Figuren die Geschichte des Harzbergbaus darstellen.

Hoch zu Ross: Friedrich I. „Barbarossa" vor der Kaiserpfalz in Goslar

INSIDER TIPP MÖNCHEHAUS, MUSEUM FÜR MODERNE KUNST

Die Stadt Goslar verleiht jedes Jahr den Kaiserring, einen Kunstpreis von internationalem Rang, der bisher u. a. an Henry Moore, Joseph Beuys und Gerhard Richter ging. Deren Werke sind in der Altstadt zu bewundern und in diesem Museum, das in einem Ackerbürgerhaus von 1528 residiert. Ausstellungen junger Künstler; Skulpturengarten. *Di–So 10–17 Uhr | Mönchestr. 3 | www.moenchehaus.de* Wegen umfangreicher Renovierungsarbeiten ist das Museum bis etwa Mitte 2013 in die *Rosentorstr. 27* unweit vom Bahnhof umgezogen.

GOSLAR

MUSEUM IM ZWINGER
Mittelalterliche Waffen, Rüstungen und Foltergeräte. *Tgl. 11–16 Uhr, Nov.–März geschl. | Thomasstr. 2*

ZINNFIGURENMUSEUM
In der historischen Lohmühle an der Abzucht zeigen 50 Dioramen mit Zinnfiguren die Welt des Mittelalters und des Bergbaus. Mit Verkaufsausstellung *Di–So 10–17 Uhr | Klapperhagen 1 | www.zinnfigurenmuseum-goslar.de*

ESSEN & TRINKEN ÜBERNACHTEN

DER ACHTERMANN
Modern ausgestattetes Spitzenhotel und Tagungszentrum. Hallenbad, vier Saunen. Traditionelle Küche mit Harzer Spezialitäten im Restaurant *Altdeutsche Stuben*. *154 Zi. | Rosentorstr. 20 | Tel. 05321 7 00 00 | www.der-achtermann.de | €€€*

BRAUHAUS GOSLAR
In einem historischen Fachwerkgebäude in Marktplatznähe werden selbst gebrautes Gosebier sowie Rammelsberger Pils zu Harzer Spezialitäten getrunken. *Tgl. | Marktkirchhof 2 | Tel. 05321 68 58 04 | www.brauhaus-goslar.de | €–€€*

FRAUENPENSION ARLETA
Haus mit Garten am Wald, 20 Minuten Fußweg ins Zentrum. Klavier, Lesezimmer. *7 Zi. nur für Frauen | Am Nordberg 7 | Tel. 05321 2 53 23 | www.frauenpension-arleta.de | €€*

KAISERWORTH
Sehr schönes, nobles Hotel. Restaurant *Die Worth* mit internationalem Flair und Harzer Spezialitäten. Eigene Konditorei. Im Sommer stehen Tische draußen. *65 Zi. | Markt 3 | Tel. 05321 70 90 | www.kaiserworth.de | €€€*

GÄSTEHAUS MÖLLER
Ruhig gelegene Villa von 1900 oberhalb der Altstadt. Parkplätze und großer Garten. *16 Zi. | Schieferweg 6 | Tel. 05321 2 30 98 | €*

EINKAUFEN

INSIDER TIPP STECHER'S HOFLADEN & BISTRO (119 D3) (*D1*)
Im Ortsteil *Jerstedt*, 4 km nördlich, gibt es im Hofladen Puten, Enten, Gänse und Gockel aus artgerechter Haltung und hauseigener Schlachtung. Auch im Bistro mit seinen 30 Plätzen sowie weiteren 24 draußen steht hoffrisches Geflügel ganz oben auf der Speisekarte. *Di–Fr 9–18, Sa 9–17 Uhr | Hohe Warte 22 | Tel. 05321 8 13 42 | www.stechers-landgenuss.de | €*

AUSKUNFT

GOSLAR MARKETING
Markt 7 | 38640 Goslar | Tel. 05321 7 80 60 | www.goslar.de

ZIELE IN DER UMGEBUNG

RAMMELSBERG ● (119 D4) (*D1*)
Das Besucherbergwerk und Bergbaumuseum ist mehr als ein Technikmuseum. Beim Gang durch die dunklen, nassen Gänge vermitteln tropfendes Wasser, rutschige Wege und die klamme Nässe der Luft hautnah die Arbeitsbedingungen der Bergleute. Das flackernde Licht des „Froschs", der Öllampe der Bergarbeiter, weist den Weg. Für kurze Zeit wird sogar vollkommene Dunkelheit hergestellt. Grubenbahnen und Werkzeuge aus Jahrhunderten zeigen den Wandel der Arbeitswelt. Führungen zu Fuß können Sie mit der Grubenbahnfahrt kombinieren. *Tgl. 9–18 Uhr (letzte Führung 16.30 Uhr) | von Goslars Innenstadt 20 Min. zu Fuß | Bus 803 | www.rammelsberg.de*

Von der ❄️ Terrasse der Ausflugsgaststätte *Maltermeister-Turm (tgl. ab 11 Uhr | www.maltesermeister-turm.de | €€)* genießt man einen der schönsten Blicke auf Goslar und den Vorharz.

gebrannt und lange gelagert. Verkauf mit Verkostung Do 15.30, Sa, So 14 Uhr. *Klosterkrug (tgl. | Tel. 05324 20 46 | €)* mit bodenständiger Küche, *Klosterhotel (30 Zi., 3 Apt. | Tel. 05324 77 44 60 |*

Rammelsberg: Riesige Radstuben schützen die Wasserräder vor der Witterung unter Tage

SEESEN (112 B4) (🗺 B–C 1–2)

Die Stadt (20 000 Ew.) breitet sich 22 km westlich von Goslar vor dem Harz mit rechtwinklig angelegten Straßen aus, an denen malerische Bürgerhäuser mit bunten Schmuckgiebeln und schlichtem, ländlichem Fachwerk stehen. Die *Barockkirche* dient als Konzertsaal, in dem auch weltberühmte Orchester auftreten. Der in Seesen geborene Heinrich Steinweg, später Henry Steinway, baute hier 1836 sein erstes Klavier. Auskunft: *Marktstr. 1 | 38 723 Seesen | Tel. 05381 7 52 43 | www.seesen.de*

INSIDER TIPP ▸ **WÖLTINGERODE**
(119 E3) (🗺 E1)

Das ehemalige Kloster liegt am Fuß des Harly bei Vienenburg. Im Klostergut werden vorzügliche Schnäpse und Liköre

€€–€€€) in ruhiger Lage mit individuell ausgestatteten, komfortablen Zimmern. *www.woeltingerode.de*

HALBERSTADT

(121 E–F2) (🗺 J–K 1–2) ⭐ **In Sichtweite des Harzes liegt die 1200 Jahre alte Bischofsstadt, deren Kirchtürme die Dächer hoch überragen.**

Halberstadt (43 000 Ew.) wurde im April 1945 von den Alliierten bombardiert, dabei verbrannte ein Großteil der Altstadt mit ihren Fachwerkhäusern. Domplatz und Kirchen wurden rasch restauriert, die Innenstadt dagegen wurde abgerissen und zur gesichtslosen Plattenbausiedlung. Mit der Wende begann der Wiederaufbau. Halberstadt wurde zur

Halberstädter Dom: Blick durchs Langhaus zum Chor der dreischiffigen Basilika

Modellstadt für Stadtsanierung. Fachwerkhäuser wurden restauriert, Lücken mit moderner Architektur geschlossen.

SEHENSWERTES

ALTSTADT

Nach Norden fällt der Domhügel steil ab zur Altstadt, deren Baulücken, Hinterhöfe, Fachwerkhäuser und Neubauten eine faszinierende Werkstatt für Stadtentwicklung und private Initiative sind. Spazieren Sie durch INSIDER TIPP *Grudenberg, Grauer Hof* und die *Bakenstraße* mit einem Abstecher ins einstige Judenviertel, von dessen Gebäuden bis auf die *Klaussynagoge* im Rosenwinkel (das ehemalige Rabbinerseminar) nicht mehr viel steht.

DOMPLATZ

Der *Dom St. Stephanus* (Baubeginn um 1230) ist die älteste rein gotische Kirche Deutschlands. Bis zum Abschluss der Bauarbeiten 1491 wurde Stück für Stück der alte romanische Dom abgebrochen und durch die neue Kirche ersetzt. Beim Eintritt durch das noch romanisch geprägte Portal beeindrucken die Höhe des Mittelschiffs und der Säulenbündel, die das Dachgewölbe tragen (Chor, Lettner und Kreuzgang kann man nur beim Besuch des Domschatzes besichtigen). Vor dem Dom mahnen die *Steine der Erinnerung* an die 1942 deportierten Juden der Stadt. Den langen, baumbestandenen Domplatz flankieren die *Kurien*, einst Wohnsitze der Domherren. Am Westende des Platzes erhebt sich die romanische INSIDER TIPP *Liebfrauenkirche*. Sie ist seit ihrer Fertigstellung 1146 nicht nennenswert verändert worden. Innen beeindruckt die Schlichtheit und Strenge der Pfeilerbasilika. Bemerkenswert sind die Chorschranken aus dem 12. Jh. mit fast lebensgroßen Figuren der Bibel. An die ehemaligen Klostergebäude schließt sich der mittelalterliche *Petershof* an, einst der Bischofspalast.

DOMSCHATZ ●
Eine einmalige Sammlung, die zu den bedeutendsten ihrer Art auf der Welt zählt: sakrale Teppiche und Altartücher, die bis zu 800 Jahre alt sind und bis heute ihre Farbigkeit bewahrt haben, byzantinische Kleinkunst, Handschriften, Buchmalereien, Tafelbilder, Skulpturen. *Di–So Führungen | Tel. 03941 2 42 37 | www.dom-und-domschatz.de*

RATHAUSPLATZ
Vor dem *Rathaus* von 1998, das moderne Flächigkeit mit den Linien der gotischen Fassade vereint, steht der *Roland* (1433), Symbol für die Zugehörigkeit zur Hanse und für die Freiheit der Stadt von Landesherren. Die zweitürmige *Martinikirche* daneben war die Stadtkirche, innen ist sie eine flache gotische Halle mit einem figurenreichen Barockaltar.

ESSEN & TRINKEN ÜBERNACHTEN

ALT HALBERSTADT
Gemütliche Traditionskneipe in der Voigtei. Im Angebot kleine Sattmacher, im Sommer Biergarten. Immer viel Betrieb. *Mo geschl. | Voigtei 17–19 | Tel. 03941 60 06 22 | €*

ALTSTADTPENSION RATSMÜHLE
Restauriertes Fachwerkhaus mit 13 modernen Zimmern. *Hoher Weg 1 | Tel. 03941 57 37 90 | www.ratsmuehle.de | €*

AM GRUDENBERG
Liebevoll renoviertes Fachwerkhaus in der Altstadt mit ruhigem Innenhof. Frühstücksbuffet. Sauna, Solarium Parkplätze im Hof. *21 Zi. | Grudenberg 10 | Tel. 03941 6 91 20 | www.hotel-grudenberg.de | €€*

SCHLOSSVILLA DERENBURG
Jugendstilvilla in großem Park mit hohen Bäumen und Teich. Gute kreative Küche. *15 Zi. | Schlossstr. 15 | Derenburg | 12 km westlich | Tel. 039453 67 80 | www.hotel-schlossvilla-derenburg.de | €€–€€€*

AUSKUNFT

HALBERSTADT-INFORMATION
Hinter dem Rathause 6 | 38820 Halberstadt | Tel. 03941 55 18 15 | www.halberstadt.de

ZIELE IN DER UMGEBUNG

LANGENSTEIN 🌿 (121 E3) (𝄞 J2)
Über dem kleinen Dorf, 10 km von Halberstadt entfernt, erheben sich steile Klippen, in deren weichen Sandstein Höhlen gegraben wurden, die noch bis 1916 bewohnt waren. Ein Wanderweg führt auf das Gipfelplateau mit Resten einer Burg. Von oben bietet sich ein großartiger Blick auf Harz und Brocken. Mitten im Dorf steht der nach baubiologischen Gesichtspunkten restaurierte, denkmalgeschützte ♻ INSIDER TIPP *Schäferhof (21 Zi. | Quedlinburger Str. 28 | Tel. 03941 61 38 41 | www.schaeferhof-langenstein.de | €€)*, wo man an der Ausübung alten Handwerks teilnehmen kann, mit Café, Restaurant, Hofladen, Kräutergarten, Lammspezialitäten.

QUEDLINBURG

▨ KARTE IM HINTEREN UMSCHLAG
▨ **(126 B1)** (𝄞 *K–L3*) ⭐ **Die kleine Stadt mit 28 000 Ew. hat eine wechselvolle Geschichte hinter sich. Im Mittelalter wurde sie von Frauen regiert:**

QUEDLINBURG

Die Äbtissinnen des 936 gegründeten Stifts, der über einen gewaltigen Landbesitz verfügte, bestimmten die Geschicke der Stadt. Nur Frauen aus höchstem Adel und Königshäusern wurden ins Stift aufgenommen. Quedlinburg entwickelte sich zur wohlhabenden Handelsstadt. Altstadt und Stiftskirche gehören zum Unesco-Welterbe. Die 1200 denkmalgeschützten Fachwerkhäuser stammen meist aus der Zeit zwischen 1650 und 1700, als die Ackerbürgerstadt nach dem Dreißigjährigen Krieg wieder zur Blüte kam.

SEHENSWERTES

ALTSTADT
Ausgangspunkt für Rundgänge durch die Altstadt ist der *Markt* mit dem *Rathaus* und seinem prachtvollen Renaissanceportal, der *Rolandsstatue* aus Sandstein und schönen Bürgerhäusern. *Schuhhof* und *Hölle* (wegen der rußgeschwärzten Häuser ohne Schornstein) sind alte Handwerker- und Handelsgassen.

FACHWERKMUSEUM
In einem Ständerbau von 1310, dem wohl ältesten deutschen Fachwerkhaus, dokumentiert das Museum die Baugeschichte der Stadt. *Fr–Mi 10–17 Uhr (Nov.–März bis 16 Uhr) | Wordgasse 3*

KLOPSTOCKHAUS
Im Geburtshaus des Dichters Friedrich Gottlieb Klopstock (1724–1803), der die Literatur der deutschen Klassik vorbereitete, sind außerdem Leben und Werk zweier ebenfalls in Quedlinburg geborener Zeitgenossen illustriert: Dorothea Christiana Erxleben (1715–62) war Deutschlands erste promovierte Ärztin und Johann Christoph Friedrich Guts-Muths (1759–1839) der erste Sportpädagoge. *Mi–So 10–17 Uhr | Schlossberg 12*

INSIDER TIPP LYONEL-FEININGER-GALERIE
Die Grafiken und Gemälde verschiedenster Künstler aus den Jahren 1906–37 wurden vor der Vernichtung als „entartete Kunst" durch die Nazis gerettet. *Di–So 10–18 Uhr (Nov.–März bis 17 Uhr) | Finkenherd 5a*

INSIDER TIPP MÜNZENBERG ☆
Auf den Münzenberg gegenüber dem Schlossberg führen eine Treppe und eine steile Gasse. Hier stand bis 1525 ein Kloster, auf dessen Ruinen die Häuschen der Leute gebaut wurden, die man in der Stadt nicht haben wollte.

SCHLOSS & STIFTSKIRCHE ST. SERVATIUS
Eine steile, grob gepflasterte Straße führt durch das wehrhafte Burgtor. Anstelle der mittelalterlichen Burg steht hier ein *Renaissanceschloss*, das ein Museum beherbergt. Die *Stiftskirche (Mai–Okt. Di–Sa 10–17.30, So 12–15.30 Uhr, Nov.–März Di–Sa 10–15.30, So 12–16.30 Uhr, April tgl. 10–16.30 Uhr)* ging aus der 922 gebauten Pfalzkapelle Heinrichs I. hervor und wurde 936 Damenstift. Innenraum, Friese und Kapitelle aus dem frühen 12. Jh. gehören zu den schönsten Werken der Romanik. Die *Krypta* ist ein Wald von Säulen, an den Wänden stehen die Grabplatten der Äbtissinnen, im Boden sind die Königsgräber der Gründer eingelassen. Der *Domschatz* ist in den Querschiffen ausgestellt. Vom ☆ Schlossgarten sieht man die Altstadt mit den Stadttürmen und Resten der Stadtmauer.

SCHLOSSMUSEUM
Hier sind vor- und frühgeschichtliche Funde ausgestellt sowie eine Sammlung zu Wohnkultur und Kleinkunst des 17. und 18. Jhs. *Di–So 10–18 Uhr (Nov.–März bis 16 Uhr) | Schlossberg 1*

ESSEN & TRINKEN ÜBERNACHTEN

ROMANTIKHOTEL AM BRÜHL
Edel ausgestattetes Hotel in einem historischen Fachwerkhaus mit Weinstube im ehemaligen Stall. Hochwertige, französisch inspirierte saisonale Küche mit

Weberstr. 31 | Tel. 03946 28 07 | www.hotel-pension-ingrid.de | €–€€

SCHLOSSKRUG AM DOM ☼
Heimelige Fachwerkkneipe mit schiefen Wänden und tollem Blick vom Biergarten. Gutbürgerliche Küche. Sechs gemütliche, rustikal eingerichtete Zimmer. *Mo geschl.*

Wuchtige Romanik: Das Schloss und die Stiftskirche St. Servatius thronen hoch über Quedlinburg

gutbürgerlichem Hintergrund. *47 Zi. | Billungstr. 11 | Tel. 03946 9 61 80 | www.hotelambruehl.de | €€€*

INSIDER TIPP ▸ BRAUHAUS LÜDDE
Vier Sorten Bier in der Brauereihalle und im Biergarten, dazu wird Deftiges serviert. Brauereiführungen. *Tgl. | Blasiistr. 14 | Tel. 03946 70 52 06 | €*

HOTEL-PENSION INGRID
Zwei modernisierte Villen des Jugendstils und des Klassizismus in einem 3800 m² großen Garten am Rand der Altstadt. Restaurant und Bar. *42 Zi., Suiten u. Apt. |*

Schlossberg 1 | Tel. 03946 28 38 | www.hotel-zumschloss-quedlinburg.de | €–€€

ROMANTIKHOTEL THEOPHANO
Am Markt in uraltem Fachwerkhaus, Antiquitäten und Himmelbetten. Biergarten, Café, Restaurant (So, Mo geschl). *22 Zi. | Markt 13/14 | Tel. 03946 9 63 00 | www.hoteltheophano.de | €€–€€€*

AUSKUNFT

QUEDLINBURG-INFORMATION
Markt 2 | 06484 Quedlinburg | Tel. 03946 90 56 24 | www.quedlinburg.de

ZIELE IN DER UMGEBUNG

GERNRODE (126 B2) (⌘ K4)
Die Kleinstadt (3700 Ew.) mit ihren krummen Gassen und flachen Häusern liegt auf den letzten Ausläufern des Harzes, 8 km südlich von Quedlinburg. Unten im Ort steht der Bahnhof der Selketalbahn, die seit 2006 auch nach Quedlinburg dampft, weiter oben die ⭐ *Stiftskirche St. Cyriakus.* Die 961 begonnene und um 1080 vollendete Kirche ist der bedeutendste Bau aus ottonischer Zeit in Deutschland, in dem sich Formen der Romanik mit byzantinischer Kunst verbinden. Das *Heilige Grab* bildet sein Vorbild in Jerusalem nach. Seine Außenwände sind mit Stuckfiguren verziert. Die Ausmalung der Apsis im byzantinischen Stil stammt aus dem 19. Jh. *April–Okt. tgl. 9–17 Uhr | Führung tgl. 15 Uhr*

Die *Gaststätte Bückemühle (tgl. | 9 Zi., 2 Apt. | Tel. 039485 4 19 | www.buecke muehle.de | €)* mit Räucherei und Gartenterrasse liegt direkt an einem Bach: Forellen, Zander, Lachsforellen.

TEUFELSMAUER (126 A1) (⌘ K3)
Zwischen Weddersleben und Neinstedt setzt sich die Teufelsmauer mit hohen Sandsteinzinnen fort, die hier auf einem mit Trockenrasen bewachsenen Hügelzug stehen. Vom Parkplatz geht ein Rundweg aus: 1,5 Stunden.

THALE

(121 E5) (⌘ J–K3) **In Thale (19 000 Ew.) „ist der Teufel los". Nicht in der Stadt, die durch Bergbau und Eisenhütte geprägt ist, sondern auf den Höhen über dem Taldurchbruch der Bode – auf der Rosstrappe und auf dem Hexentanzplatz. Zur Walpurgisnacht kommen Tausende, um das wilde Treiben zu genießen.**

SEHENSWERTES

HEXENTANZPLATZ
Zum ● *Hexentanzplatz* führt eine Kabinenseilbahn (ganzjährig). Runter geht es bei Bedarf mit einer Schienenbobbahn mit bis zu 40 km/h *(9.30–18 Uhr)*. Oben gibt es einen Zoo *(9–18 Uhr)* mit heimischen und ehemals heimischen Wildtieren wie Bär und Wolf. 1901 wurde die *Walpurgishalle (Mai–Okt. tgl. 9–17 Uhr)* mit Gemälden zu Szenen aus Goethes Faust und Schnitzarbeiten im altgermanischen Stil errichtet. ☀ Das ● *Harzer Bergtheater (www.harzer-bergtheater.de)*, dessen Naturbühne einen weiten Blick ins Vorland gewährt, zeigt von Mai bis September Theater- und Musikaufführungen.

ROSSTRAPPE
Der Blick von der ☀ Rosstrappe in das tief eingeschnittene Felsental ist einzigartig. Die Sage erklärt die übergroße, hufeisenförmige Vertiefung oben auf dem Felsen: Prinzessin Brunhilde war vor dem Ritter Bodo zu Pferd auf der Flucht. Das Ross setzte mit einem Riesensatz über die Schlucht, ihre Krone und der Verfolger stürzten in den wild schäumenden Fluss. Der Hufabdruck des sagenhaften Rosses war schon heidnische Kultstätte.

ESSEN & TRINKEN ÜBERNACHTEN

HOFFMANNS GÄSTEHAUS
Modern ausgebaute Gründerzeitvilla mit hellen Zimmern, viel Holz und einem Wintergarten. *13 Zi. | Musestieg 4 | Tel. 03947 4 10 40 | www. hoffmanns-gaestehaus.de | €€*

INSIDER TIPP ▶ GASTHAUS KÖNIGSRUHE
Romantisch und autofrei am Wanderweg von Thale nach Treseburg gelegen (das

Gepäck wird transportiert, Gästeparkplatz im Ort), originale Harzer Küche mit Forellen, Sülzen und Wildgerichten. *9 Zi. | Hirschgrund 1 | Tel. 03947 27 26 | www.koenigsruhe.de | €–€€*

Tafeln erklärt. Malerische Wanderwege führen durch das Tal, und über steile Pfade geht es hinauf zu ☆ *Rosstrappe* oder *Hexentanzplatz*. Am Talausgang erreicht man Sessellift und Seilbahn. *Busverbin-*

Tief hat sich die Bode ins Harzgestein gefressen: Die Rosstrappe ist ein faszinierendes Beispiel

AUSKUNFT

INFORMATION THALE
Bahnhofstr. 3 | 06502 Thale | Tel. 03947 25 97 | www.bodetal.de

ZIELE IN DER UMGEBUNG

BODETAL ⭐ ● (115 E5) *(ⓜ J3–4)*
Zwischen Thale und Treseburg braust die Bode durch das immer engere und tiefere Tal und bricht durch die Granitmassen von Rosstrappe und Hexentanzplatz, kurz bevor sie in die Ebene eintritt. Auf dem *Weg am Flusslauf* entlang wird die Vielfalt der Gesteins- und Pflanzenwelt auf 22

dung Thale–Treseburg Ostern bis Anfang Nov. 4-mal tgl. direkt über Rosstrappe

WERNIGERODE

(120 C3) *(ⓜ G–H2)* **Der Dichter Hermann Löns, der hier vor dem Ersten Weltkrieg als Redakteur lebte, nannte Wernigerode „die bunte Stadt am Harz".** Malerisch liegt sie mit ihren steilen Dächern und den spitzen Türmen vor dem grünen, schroff ansteigenden Harz. Sie wird vom mächtigen Schloss überragt,

dessen Türme und Erker gut zu den bunten Fachwerkhäusern in der Altstadt passen. Zu DDR-Zeiten war die Stadt (34 500 Ew.) ein Vorzeigeobjekt und wurde gut erhalten und restauriert. Heute ist sie ein Besuchermagnet im Harz. Hier be-

Kuschelig: Wernigerodes „Kleinstes Haus"

ginnt die Brockenbahn, und es ist nicht weit in den Hochharz.

SEHENSWERTES

ALTSTADT
Auf dem Marktplatz steht das *Rathaus*, das mit den Fensterchen der beiden Spitztürme die Besucher anschaut. 1277 wurde es als „Spelhus", als Tanz- und Festhaus, erbaut, war später Gerichtshaus und ist seit 1544 Rathaus. Der *Brun-*

nen auf dem Platz ist den Wohltätern der Stadt gewidmet. Der *Oberpfarrkirchhof* hinter dem Rathaus besteht aus ruhigen Gassen und Gärten, wo die Teichmühle, auch *Schiefes Haus* genannt, und das *Haus Gadenstein* stehen, mit seinem Erker eines der schönsten Häuser. Am oberen Ende der Kochstraße steht das *Kleinste Haus* (um 1750 erbaut): 4,20 m hoch, 2,95 m breit, mit einer Wohnfläche von nur 28 m². An der Breiten Straße, der Einkaufs- und Flaniermeile, steht das *Krummelsche Haus* (Nr. 72) von 1674, dessen Fassade gänzlich von eindrucksvollen Holzschnitzereien bedeckt ist, die allegorisch die Erdteile und die Urelemente darstellen.

SCHLOSS WERNIGERODE ★ ⚘
Das Schloss wurde um 1120 als Burg errichtet, mehrfach umgebaut und erweitert, bis 1862–83 durch den Fürsten Otto zu Stolberg-Wernigerode, Vizekanzler unter Otto von Bismarck, der völlige Umbau im Stil des Historizismus vorgenommen wurde. Bei den Führungen werden über 40 Räume mit der Originalausstattung des 19. Jhs. besichtigt, darunter der Festsaal und die Schlosskirche. Der Blick vom Bergfried geht auf die Stadt, den Vorharz und die Berge des Oberharzes. *Mai–Okt. tgl. 10–18 Uhr, Nov.–April Di–Fr 10–17, Sa, So 10–18 Uhr | www. schloss-wernigerode.de*

ESSEN & TRINKEN ÜBERNACHTEN

INSIDER TIPP BAUMKUCHENHAUS ●
Leckerer Baumkuchen in immerhin über 40 Variationen! im großen Café (100 Plätze) oder auf der Terrasse. Empfehlenswert ist das Schaubacken mit Verkostung (Fr, Sa 14–16 Uhr). *Tgl. | Neustadter Ring 17 | Tel. 03943 63 27 26 | www. harzer-baumkuchen-friedrich.de*

HOTEL GOTHISCHES HAUS
Außen die schön restaurierte, 400 Jahre alte Fachwerkfassade, innen modernes Design, zwei Restaurants mit 😊 kreativer Küche, die bewusst auf frische Produkte aus dem Harz zurückgreift; Terrasse, Bar, Wellness- und Saunalandschaft. *116 Zi. | Marktplatz 2 | Tel. 03943 67 50 | www.travelcharme.com | Hotel €€€, Restaurants €€*

RATSKELLER
Deftige Küche im urigen Gewölbekeller des Rathauses. *Tgl. | Marktplatz 1 | Tel. 03943 63 27 04 | €€*

WEISSER HIRSCH
Vom Restaurant Blick zum Markt und aufs Rathaus, Tipp für Gourmets. *51 Zi. | Marktplatz 5 | Tel. 03943 26 71 10 | www.hotel-weisser-hirsch.de | €€€*

FREIZEIT & SPORT

KUTSCHFAHRTEN ●
Im Sommer führt Frank Linde Fahrten mit 2 PS vor dem Planwagen durch, im Winter holt er den Schlitten aus dem Stall. *Div. Fahrten ab 1,5 Std. | 80 Euro f. 2–5 Pers. | Johannisstr. 20 | Tel. 03943 63 48 43 | www.lindesplanwagen.de*

AUSKUNFT

TOURISTENINFORMATION
Marktplatz 10 | 38855 Wernigerode | Tel. 03943 5 53 78 35 | www.wernigerode-tourismus.de

ZIELE IN DER UMGEBUNG

BAHNFAHRT AUF DEN BROCKEN
(120 A–B 4–5) (⟁ F–G 2–3)
Die Schmalspurbahn benötigt von Wernigerode zwei Stunden. Aber schon die Fahrt bis *Drei Annen Hoh-*

ne (120 B5) (⟁ G3) oder weiter bis *Schierke* (120 A5) (⟁ F3) ist ein Erlebnis, wenn die schwarzen Dampfrösser langsam den Berg hochstampfen. An schönen Tagen sind die Züge allerdings überfüllt.

ILSENBURG (120 A–B3) (⟁ F–G2)
Am Fuß des Brockens, 9 km westlich von Wernigerode, liegt das 9700 Ew. zählende Städtchen, das von der Eisenhüttenindustrie und dem Fremdenverkehr lebt und schon immer ein Ausgangsort für Brockenwanderungen war. Attraktiv am Ausgang des Ilsetals gelegen, bietet es sehr viele Wandermöglichkeiten, eine gute Hotellerie und ein großes Freibad. Sehenswert ist die romanische *Klosterkirche* von 1180 mit einer farbigen `INSIDER TIPP ▸` Darstellung des Lebensbaums auf dem Fußboden. Historischen Eisenkunstguss können Sie in der *Fürst-Stolberg-Hütte (Führung Mo–Fr 10 u. 14 Uhr | Schmiedestr. 17)* sehen, wo noch heute Öfen hergestellt werden; mit *Hüttenmuseum (Mi–So 13–16 Uhr | Marienhöferstr. 9b | www.fuerst-stolberg-huette.de)*.

Das fürstlich restaurierte Landhaushotel `INSIDER TIPP ▸` Zu den Rothen Forellen *(52 Zi. | Marktplatz 2 | Tel. 039452 93 93 | www.rotheforelle.de | €€€)* bietet eine biologisch orientierte 😊 Küche – und eine der besten im Harz. Das oberhalb der Stadt am Nationalpark gelegene *Berghotel Ilsenburg (32 Zi. | Suental 5 | Tel. 039452 9 00 | www.berghotel-ilsenburg.de | €€)* überzeugt im Restaurant *Rudolfo* mit kreativer saisonaler Küche.

An der Straße nach Wernigerode steht die *Klosterkirche Drübeck* von 960, eine der ältesten romanischen Kirchen im Harz. Im nahen *Kloster Drübeck (76 Zi. | Klostergarten 6 | Tel. 039452 9 43 30 | www.kloster-druebeck.de | €–€€)* können Sie wohnen und gesund speisen.

DER SÜDHARZ

Die Farben des Südharzes sind hell und bunt. Sie lassen sich besonders schön im Frühling erleben, wenn durch das helle Grün des frischen Buchenlaubs die Sonne scheint und darunter Bärlauch, Anemonen, Schlüsselblumen und Leberblümchen einen blühenden Teppich bilden.

Im Sommer leuchten aus dem dichten Wald die reifen Getreidefelder und Obstwiesen heraus, bis sich im Herbst das Grün in einen Farbenrausch aus Gelb, Orange und Rot verwandelt. Hier schlägt man eine ruhige Gangart ein, ohne dass Langeweile droht. Denn zu entdecken gibt es viel: zum Beispiel ein einzigartiges, geschütztes Karstgebiet und historisch bedeutende Orte wie den Kyffhäuser.

BAD LAUTERBERG

(123 D–E4) (🗺 D–E5) Die Bergbaustadt (11 000 Ew.) ist heute Heilbad für Kneipp- und Schrothkuren mit zahlreichen Kurkliniken und bietet gute Einkaufsmöglichkeiten.

Sie liegt 3 km lang im engen Odertal, dessen Hänge mit jedem Schritt weiter in den Harz hinein steiler und höher werden. Von der Stadt mit ihren gepflegten Fachwerkhäusern sind Wald und Wiesen nicht mehr als fünf Gehminuten entfernt. Auf dem 422 m hohen ☀ *Hausberg (Seilbahn, Gaststätte)* liegt einem der Ort zu Füßen.

Bild: Gipsfelsen bei Bad Sachsa

Die sanfte Annäherung: von grünen Bergrücken hinein in dichte Buchenwälder und zu weißen Felsen wandern

ESSEN & TRINKEN ÜBERNACHTEN

VITAL RESORT MÜHL
Hochklassiges Wellnesshotel, Kur- und Beauty-Anwendungen, leichte Harzer Küche mit Zutaten aus der Region. *102 Zi. | Ritscherstr. 1–3 | Tel. 05524 8 50 80 | www.vitalresortmuehl.de | €€€*

HOTEL REVITA
Familiär geführtes Fünfsternehotel mit Badelandschaft und Beautyfarm direkt am Kurpark, vier Restaurants mit leichter Küche. *260 Zi., 12 Suiten | Sebastian-Kneipp-Promenade 56 | Tel. 05524 8 31 | www.revita-hotel.de | €€€*

FREIZEIT & SPORT

VITAMAR ERLEBNISBAD
Ganzjährig in der Halle und draußen Wasserspaß mit Wellen und rasanten Wasserrutschen; Sauna. *Masttal 1 | Mo–Fr 9–22 Uhr (Mi ab 7 Uhr), Sa, So 9–21 Uhr | www.vitamar.de*

BAD LAUTERBERG

Das Herzberger Schloss ist eine ehemalige Residenz der Welfenherzöge

AUSKUNFT

KURVERWALTUNG
Ritscherstr. 4 | 37431 Bad Lauterberg | Tel. 05524 9 20 40 | www.badlauterberg.de

ZIELE IN DER UMGEBUNG

GROSSER KNOLLEN ⭐ ☘
(123 D3) (🗺 D–E4)
Die 687 m hohe Kuppe mit *Aussichts-turm* und *Gaststätte (Di–So 9–17 Uhr)*

gewährt einen schönen Blick. Ein 7 km langer Wanderweg führt von Bad Lauterberg hierher. Auch gibt es einen Rundweg durch das Gerade Luttertal (blauer Punkt) und zurück auf der Höhe über das Knollenkreuz (blauer Balken). *www.grosserknollen.de*

HERZBERG (122 C–D4) (🗺 D4–5)
Weithin sichtbar auf dem Berg steht das ☘ *Welfenschloss* über der Stadt (14 000 Ew.), die am Talausgang der Sieber liegt, 10 km von Bad Lauterberg entfernt. Der heutige Renaissancebau stammt aus dem Jahr 1510, in dessen Stammbau sind ein Restaurant und ein *Museum (April–Okt. Di–So 10–13 u. 14–17, Nov.–März Di–Fr 11–13 u. 14–16, Sa, So 14–17 Uhr | www.museum-schloss-herzberg.de)* untergebracht, das die Geschichte der Welfen, eine Waffenmanufaktur und den Orgelbau im Südharz zeigt. Der *Juessee* im Stadtgebiet ist zugleich ein beliebtes Freibad.
Am Eingang zur Altstadt steht das *Hotel Englischer Hof (31 Zi. | Vorstadt 8–10 | Tel. 05521 8 96 90 | www.englischer-hof.de | €€).* Richtung Sieber liegt mitten im Wald das *Gasthaus Zum Paradies (Di, Mi geschl. | 9 Zi. | Siebertal 2 | Tel. 05521 24 83 | www.hotel.zum.paradies.harz.de | €€)* mit toller saisonaler Küche – von Brennnesselsuppe bis zu Pilz- und Wildgerichten). Auskunft: *Touristikinformation | Marktplatz 32 | 37 412 Herzberg | Tel. 05521 85 21 11 | www.herzberg.de*

LONAU (123 D3) (🗺 D4)
Rund 5 km von Herzberg entfernt liegt Lonau mit einem Auerhuhn-Schaugehege und einer Rangerstation. Der kleine Ort bietet sich als Ausgangspunkt für eine Wanderung zur *Hanskühnenburg* an. Auch der *Lonauer Wasserfall* ist einen Abstecher wert.

OSTERODE (122 B–C 2–3) (*ⵌ C3–4*)
Die Stadt (23 500 Ew.) liegt 20 km westlich am Fuß des Harzes, dort, wo die alte Chaussee quer über den Harz beginnt, auf der Heinrich Heine nach Clausthal und Goslar wanderte. Reste der Stadtmauer umgeben die Altstadt mit ihrer Fußgängerzone. Zahlreiche schön erhaltene Fachwerkhäuser aus dem 16.–18. Jh. prägen das Stadtbild. Am Kornmarkt steht das *Rinnesche Renaissancehaus*, im Harzkornmagazin an der Söse lagerten bis zu 20 000 t Getreide für die Versorgung der Oberharzer Bergleute. Vor dem Alten Rathaus steht eine *Walrippe* gegen Hochwassernot, die *Ratswaage* von 1550 mit reich verziertem Fachwerk war Fest- und Hochzeitshaus, von der ⚜ Ruine der *Alten Burg* überblickt man die ganze Stadt.
Ruhig und zentrumsnah liegt das *Hotel Börgener (19 Zi. | Hoelemannpromenade 10a | Tel. 05522 9 09 90 | www.hotel-boergener.de | €€)* mit einem Garten. Auskunft: *Touristen-Information | Dörgestr. 40 | 37520 Osterode | Tel. 05522 3 18 3 60 | www.osterode.de*

SCHARZFELD (123 D4) (*ⵌ D5*)
Ein schmaler Hügelrücken bildet 4 km vor Lauterberg die letzten, recht schroffen Ausläufer des Harzes. Von der Ortsmitte in Scharzfeld führt ein kurzer Weg zur *Steinkirche (frei zugänglich)*, einer Höhle, die im Mittelalter zum Kirchenraum erweitert wurde. Die 600 m lange *Einhornhöhle (Führungen April–Okt. Di–So 10–17 Uhr | www.einhornhoehle.de)* ist auf 360 m zugänglich. Ihre Entdecker glaubten 1541, das Skelett eines Einhorns gefunden zu haben, es waren jedoch Knochen von Höhlenbären. Tiefer im Wald steht die Ruine *Scharzfels (frei zugänglich, Waldgaststätte).* Bis zu ihrer Sprengung 1761 durch die Franzosen stand hier eine der mächtigsten Harzburgen.

BAD SACHSA

(123 E–F5) (*ⵌ E–F5*) **Der Ort (7700 Ew.) liegt in einer Senke zwischen den Ausläufern des 660 m hohen Ravensbergs und des Gipskarsts zwischen Sachsenstein, Römerstein und Nüxei. Dank seiner sonnigen Lage ist Bad Sachsa ein heilklimatischer Kurort.**

SEHENSWERTES

HARZFALKENHOF
Auf dem *Katzenstein*, 1,5 km außerhalb, steht ein Falkenhof mit Greifvögeln aller Art. *März–Okt. tgl. 10–17 Uhr, ab Mai tgl. 11 u. 15 Uhr Flugvorführungen*

ESSEN & TRINKEN ÜBERNACHTEN

HOTEL ROMANTISCHER WINKEL
Fünfsternehaus, Badelandschaft nur für Gäste, Wellnessbereich auch für Nicht-Hotelgäste. *80 Zi. | Bismarckstr. 23 |*

⭐ **Großer Knollen**
Fantastische Sicht über den Südharz → S. 54

⭐ **Kloster Walkenried**
Mächtige Ruine mit gotischem Kreuzgang, Museum und Konzertdarbietungen → S. 56

⭐ **Kyffhäuser-Denkmal**
Kaiser Wilhelm thront über Barbarossas Burg → S. 57

⭐ **Rosarium**
Blütenpracht im weltgrößten Rosenpark → S. 59

MARCO POLO HIGHLIGHTS

Tel. 05523 3040 | www.romantischer-winkel.de | Restaurant €€, Hotel €€€

KLEINE KOMMODE
Im 10 km entfernten Harzdorf *Zorge* (123 F4) *(🗺 F5)* überrascht das Restaurant des Landgasthofs Gourmets mit liebevoll zubereiteten Köstlichkeiten aus der französischen Küche. *Mo geschl. | Taubentalstr. 16 | Tel. 05586 1694 | www.kleinekommode.de | €€–€€€*

LANDAL SALZTAL-PARADIES
Ferienpark in sonniger Hanglage direkt am Waldrand, Erlebnisbad nebenan. *5 Ferienhäuser u. 109 Apt. in 52 Häusern | Talstr. 27 | Tel. 05523 9507000 | www.landal.de | €*

FREIZEIT & SPORT
SALZTAL-PARADIES
Erlebnisbad mit Saunen und Sonnenlandschaft, Badegrotte, Duftgarten. Hallen für Tennis, Squash, Eislauf, Eisstockschießen, Bowling. *Tgl. 9–22 Uhr | Talstr. 28 | www.salztal-paradies.de*

AUSKUNFT
BAD SACHSA INFORMATION
Am Kurpark 6 | 37441 Bad Sachsa | Tel. 05523 474990 | www.bad-sachsa.de

ZIELE IN DER UMGEBUNG
KLOSTER WALKENRIED ★
(123 F5) *(🗺 F5–6)*
Eines der ersten Zisterzienserklöster (1127) in Deutschland ist 7 km von Bad Sachsa entfernt. Durch Schenkungen wurde das Kloster schnell reich. Reformation und Ausplünderung im Bauernkrieg 1525 führten zum Niedergang. 1710–1817 diente es als Steinbruch, nur gotischer Kreuzgang, Brunnenhaus, Kapitel- und Brüdersaal blieben gut erhalten. Gigantische Mauerreste machen die Größe der Kirche sichtbar. 2006 wurde ein modernes *Museum* mit interaktiven Ausstellungen eingerichtet. Die Besucher werden in die Welt des Klosters und der Zisterzienser („Der weiße Konzern"), in Wirtschaft, Kultur und Religion des Mittelalters geführt. Ganzjährig **INSIDER TIPP** ▶ **Konzerte im Kreuzgang** *(Di–So 10–17 Uhr | www.kloster-walkenried.de).*
Ein Rundweg führt zum *Himmelreich,* an dessen Felswände sich uralte Bäume klammern. Auskunft: *Touristinformation | Am Kurpark 4 | 37449 Zorge | Tel. 05586 96 29 91 | www.harzersonnenseite.de*

KYFFHÄUSER

(125 E–F6) *(🗺 K8)* **Der Kyffhäuser ist das kleinste Mittelgebirge Deutschlands, geprägt von einer ganz besonderen Pflanzenwelt und außergewöhnlich warmem und trockenem Klima, denn an Harz, Thüringer Wald und Rhön regnen sich die meisten Wolken ab.**
So wachsen auf den Streuobstwiesen nicht nur Äpfel, Zwetschgen und Kirschen, sondern auch Aprikosen. Die durchsonnten Trockenrasen und Felsfluren wirken mediterran und duften nach Kräutern. Zwanzig Schafhirten umsorgen über 10000 Schafe. In den Wäldern stehen Eichen und Linden, die wegen ihres Alters Naturdenkmäler sind.

SEHENSWERTES
BARBAROSSAHÖHLE (125 E6) *(🗺 K8)*
Sie ist die größte Höhle in Deutschland, die durch Auslaugung von Gips entstanden ist. In ihrem weit gespannten Gewölbe glitzern kristallklare Seen. *Führungen tgl. 10–17, Nov.–März Di–So 10–16 Uhr | www.hoehle.de*

KYFFHÄUSER-DENKMAL ⭐
(125 F6) *(🗺 K8)*

Es steht auf dem höchsten Punkt des Gebirges (457 m), ist weithin sichtbare Landmarke, die hier die Einheit des Deutschen Reichs verkünden sollte. Die *Reichsburg Kyffhausen* war eine der größten Burgen Deutschlands, die zur Zeit Kaiser Friedrichs I. Barbarossa (1122–90) erbaut wurde. Die Unterburg mit dem Barbarossa-Denkmal ist am besten erhalten, der Bergfried ist restauriert, der Brunnen mit 176 m einer der tiefsten in Europa. 1896 wurde das Denkmal für Kaiser Wilhelm I. fertiggestellt, dessen 81 m hoher 🌿 Turm in einer Krone endet, die großartige Aussicht bietet. *Tgl. 9.30–18 Uhr, Nov.–März 10–17 Uhr | www. kyffhaeuser-denkmal.de*

AUSKUNFT

KYFFHÄUSER-INFORMATION
Anger 14 | 06567 Bad Frankenhausen | Tel. 034671 7 17 16 | www.kyffhaeuser-tour

ismus.de | www.naturpark-kyffhaeuser. de | www.geopark-kyffhaeuser.com

NORDHAUSEN

(124 C4–5) *(🗺 G–H 6–7)* **Die Industriestadt (u. a. Maschinenbau, Kornbrennerei, Tabakverarbeitung) mit 44 000 Ew. wurde 1945 stark zerstört, der Wiederaufbau riss weitere Wunden in die Altstadt, in der die Kirchen, Stadtmauern und Türme aber erhalten blieben.**

SEHENSWERTES

INNENSTADT
Vor dem *Renaissance-Rathaus* steht der Roland, rot und aus Holz wie in anderen Orten im Südharz. Der *Dom zum Heiligen Kreuz* mit seinem gotischen Netzgewölbe erhebt sich über einer romanischen Krypta mit massigen Säulen und Kapitellen. Die *Blasiuskirche*, eine spätgotische Hallenkirche, ist an den beiden schiefen,

Die drei verstehen sich anscheinend prächtig: Schäfer mit Hund und Herde im Kyffhäuser

ungleich hohen Türmen zu erkennen, sie sich gegeneinander neigen. Gut 100 Jahre alt sind die Anlagen der ● *Traditionsbrennerei des Nordhäuser Korns,* heute ein *Museum (Mo–Sa 10–16 Uhr | Führung 14 Uhr | Grimmelallee 11 | www. traditionsbrennerei.de)* zur über 500-jährigen Geschichte des Schnapsbrennens in der Stadt.

ESSEN & TRINKEN ÜBERNACHTEN

HOTEL AM KLOSTER
Nett restauriertes Haus des 19. Jhs., einfach, aber modern ausgestattet, im benachbarten *Ilfeld.* Gutbürgerliche Küche im Gewölbe des Restaurants *Klosterklause. 17 Zi. | Neanderplatz 4–6 | Tel. 036331 3 66 | www.harzhotel-kloster.de | €*

LOW BUDGET

▶ Die Sonntagswanderungen auf dem Karstwanderweg werden von Fachleuten geführt und sind immer ein kleines Abenteuer. Eine Spende für den Druck des Programmflyers ist am Ende willkommen. *www. karstwanderweg.de*

▶ ☘ Ganz ruhig und günstig übernachten Sie im Fachwerkhaus *Hohe Tanne* in Bad Lauterberg. *13 Zi. | Kummelstr. 4 | Tel. 05524 9 20 70 | www.hohetanne.de*

▶ In der *Bauernhofpension Ibe* in Neustadt können Sie sehr preiswert übernachten und ⏱ Bio-Erzeugnisse aus eigener Produktion einkaufen. *4 Zi., 7 Apt. | Burgstr. 28/29 | Tel. 036331 302 52 | www.pension-ibe.de*

AUSKUNFT

TOURISTEN-INFORMATION
Im Rathaus | Markt 1 | 99734 Nordhausen | Tel. 03631 69 67 97 | www. nordhausen.de

ZIELE IN DER UMGEBUNG

HÖHLE HEIMKEHLE ●
(125 E4) (⊞ J6–7)
Im *Alten Stolberg,* 24 km östlich von Nordhausen, liegt die größte Schauhöhle im Gipskarst. 750 m Gänge und Säle mit Seen und Alabasterkristallen sind zu besichtigen. Im Zweiten Weltkrieg wurde sie zur Rüstungsfabrik umfunktioniert. Ein Denkmal erinnert an Leiden und Sterben der Zwangsarbeiter. *Di–So 10–17, Okt.–März 11–16 Uhr (letzte Führung 1 Std. vor Schließung) | www. hoehle-heimkehle.de*

KZ-GEDENKSTÄTTE DORA
(124 B4) (⊞ G6)
Nach der Bombardierung der Raketenversuchsanstalt in Peenemünde an der Ostsee wurden nordwestlich von Nordhausen in unterirdischen Stollen V2-Raketen von Zwangsarbeitern aus ganz Europa gebaut. Zum Lager *Mittelbau-Dora* gehörten über 30 Rüstungsbetriebe im Harz, von 60 000 Menschen wurden mehr als 20 000 Opfer der „Vernichtung durch Arbeit". *Di–So 10–18, Nov.–Feb. 10–16 Uhr | www.dora.de*

NEUSTADT (118 C3) (⊞ H6)
Das Städtchen, 11 km nördlich, ist von einer Stadtmauer umgeben. Vom wuchtigen Torturm sind es nur wenige Schritte zum Markt, wo Roland und Kirche stehen. Zur mächtigen Ruine der ☘ *Burg Hohnstein* mit rustikaler Burggaststätte führt ein Wanderweg durch den Wald (30 Minuten).

Übernachten können Sie im *Hotel Hohnstein (30 Zi. | Burgstr. 42 | Tel. 036331 4 67 18 | www.hotel-hohnstein.de | €€)* mit harztypischem Restaurant. Auskunft: *Neustadt-Information | Stolberger Str. 3 | 99 762 Neustadt | Tel. 036331 4 62 77 | www.neustadt-harz.de*

SANGER-HAUSEN

(126 C–D6) (*M7*) **Die mittelalterliche Bergbaustadt (29 700 Ew.) ist für ihr buntes Kneipenleben bekannt. Berühmt geworden ist sie jedoch durch das Europa-Rosarium. Das Skelett eines Mammuts ist ebenfalls zu bestaunen. Sehenswert ist auch der mittelalterliche Stadtkern mit Bürgerhäusern aus der Renaissance.**

SEHENSWERTES

ROSARIUM ⭐
Der Rosenpark (12,5 ha) ist der größte der Welt, ebenso repräsentieren über 8300 Rosensorten und -arten die größte Sammlung der Welt. *Mitte–Ende April u. Okt. tgl. 10–18, Mai u. Sept. 8–19, Juni–Aug. 8–20 Uhr (auch im Winter zugänglich) | www.europa-rosarium.de*

SPENGLERMUSEUM
Hier ist neben interessanten Funden aus der Jungsteinzeit ein **vollständiges Mammutskelett** zu sehen. *Di–So 13–17 Uhr | www.spengler-museum.de*

ESSEN & TRINKEN ÜBERNACHTEN

HOTEL FÜNF LINDEN
Landhaus mit Wellnessangebot im 12 km entfernten *Wickerode*, ⏲ Spei-

sen aus regionalen Produkten. *30 Zi. | Schulplatz 5 | Tel. 034651 3 50 | www.hotel-fuenf-linden.de | Restaurant €, Hotel €€*

Königlich: Edelrose in Orange im Rosarium

AUSKUNFT

TOURISTENINFORMATION
Markt 18 | 06526 Sangerhausen | Tel. 03464 194 33 | www.sangerhausen-tourist.de

ZIEL IN DER UMGEBUNG

INSIDER TIPP QUESTENBERG
(126 B6) (*K7*)
Das Dörfchen, 15 km westlich, liegt idyllisch im engen Tal unter weißen Felswänden und bewaldeten Berghängen. Der Aufstieg zur 🌿 *Queste*, einem hohen Gipsfelsen, wird belohnt mit einem einzigartigen Blick. Im Nachbarort ist das einstige *Gut Drebsdorf (5 Apt. | Tel. 034656 56 00 | www.gut-drebsdorf.de | €)* zum Reiterhof ausgebaut worden.

DER OBERHARZ

Dunkle Wälder und rauschende Bäche, Felsklippen und Blockfelder, Bergwiesen und Moore sind die Elemente der Oberharzer Landschaft. Im Hochsommer ist die Luft leicht, im Winter ist es schneesicher.

Der Oberharz ist für viele Harzbesucher der eigentliche Harz, der vom mächtigen Brocken und den niedrigeren Gipfeln im Dreieck St. Andreasberg, Braunlage und Torfhaus beherrscht wird. Umgeben sind sie von ausgedehnten Mooren, in denen fast alle größeren Bäche und Flüsse des Harzes entspringen. Die Flüsse sind größtenteils aufgestaut, und zwar bereits in ihren Oberläufen, um im Harzvorland den Hochwasserschutz zu gewährleisten. Vom Osthang des Brockens bis zum Höhenzug von Bruchberg und Acker

reicht das Kerngebiet des Nationalparks. Westlich schließt sich die Clausthaler Hochebene mit vielen Teichen und dem malerischen Innerstetal an. In Brauchtum und vielen Festen ist hier die Bergbautradition noch lebendig.

ALTENAU

(119 D6) (Ⓜ E3) Die holzbeschlagenen Bergarbeiterhäuser längs der krummen Gassen stehen geduckt unter dem Glockenberg, wo die Hochhausskyline des Ferienparks in den Himmel ragt.

Gut ausgebaute Sport- und Freizeitanlagen und die *Therme Heißer Brocken (So–Do 9–22, Fr, Sa 9–23 Uhr | www.kristalltherme-altenau.de)* sowie

Über Serpentinen zu Bergstädtchen – Wo das Klima reizt, die Aussicht lockt und im Winter der Schnee in der Sonne glitzert

die attraktive Umgebung mit Okertal, Polstertal und Torfhaus haben Altenau (1800 Ew.) zu einem der meistbesuchten Orte im Oberharz gemacht.

ESSEN & TRINKEN ÜBERNACHTEN

ALTE AUE
Im Zentrum im holzgetäfelten Landhaus-stil. Harzer Küche mit lokalen Produkten. *17 Zi., 6 Apt. | Marktstr. 17 | Tel. 05328 9 80 10 | www.landhotel-alteaue.de | €€*

PARKHAUS
Typisches Harzer Haus in der Ortsmit-te mit Schindeln, Kamin, Garten und Restaurant. *9 Zi. | Markt 3 | Tel. 05328 9 80 00 | www.hotel-parkhaus.de | Res-taurant €–€€, Hotel €*

EINKAUFEN

INSIDER TIPP **KRÄUTERPARK**
Ein Park zum Riechen und Schmecken mit Kräutern aus allen Kontinenten, Infotafeln verraten Herkunft, Heilkraft

Eiszeit-Relikte: riesige Findlinge im wildromantischen Okertal

und Verwendung in der Küche. Die „Gewürzpagode" erzählt die Geschichte der Gewürze. Im Laden gibt es 1500 Kräuter und Tees, 250 Mischungen werden frisch zubereitet. *Tgl. 10–18 Uhr | Eintritt 3,50 Euro | www.kraeuterpark-altenau.de*

FREIZEIT & SPORT

INSIDER TIPP ▶ **HEISSER BROCKEN**
Eine Thermalsole- und Saunalandschaft mit Innen- und Außenbecken (Wassertemperaturen zwischen 32 und 36 Grad). 4-mal täglich gibt es kostenlose Wassergymnastik, außerdem 5 Saunen, davon 2 Blockhaussaunen im Außenbereich, Wellness und ein Restaurant. *Karl-Reinecke-Weg 35 | So–Do 9–22, Fr, Sa 9–23 Uhr | www.kristalltherme-altenau.de*

AUSKUNFT

TOURIST-INFORMATION
Hüttenstr. 9 | 38707 Altenau | Tel. 05328 80 20 | www.oberharz.de

ZIELE IN DER UMGEBUNG

HANSKÜHNENBURG ☼
(123 D3) (*M D4*)
Zwei schöne Wanderwege führen von dem an der Harzhochstraße (B 242) gelegenen Parkplatz Stieglitzecke zu der mitten im Nationalpark gelegenen *Ausflugsgaststätte (außer an Feiertagen Do geschl. | €)*. Der *Reitstieg* hat die schöneren Aussichten zu bieten, die *Ackerstraße* den bequemeren Weg. Beide führen direkt zu der gemütlich-urigen Bergbaude mit ihrem Aussichtsturm, der einmalige Fernblicke über die Harzberge ermöglicht. Sie können ihn zu den Öffnungszeiten der Gaststätte besteigen.

OKERTAL ★ **(119 E4–5) (*M E1–2*)**
Bei *Romkerhalle* mit dem künstlich geschaffenen *Wasserfall* verengt sich das Tal. Die Oker stürzt über Blöcke und Felsen, bildet ruhige, tiefe Wasserbecken und dann wieder Kaskaden – ideal für Fahrten mit dem Wildwasserkanu.

Der Wanderweg (6 F) bleibt meist direkt am Wasser und bietet großartige Aussichten auf die Granittürme an den Hängen, die beliebt bei Alpinkletterern sind.

OKERTALSPERRE (119 D–E5) (*E2*)
Am Pavillon Weißwasserbrücke in Altenau startet die MS „Aquamarin" zu ein- bis zweistündigen Rundfahrten auf dem Stausee. *März–Anfang Jan. | www. okersee-schiffahrt.de*
Den Blick auf die Talsperre kann man bei einem Riesenwindbeutel genießen. Diesen gibt es, bei Bedarf auch mit salzigem Inhalt, beim ● *Windbeutelkönig (Mai–Okt. tgl., Nov.–April Mo geschl. | Tel. 05328 17 13 | www.windbeutelkönig.de | €).* Das Ausflugslokal liegt im Gemkental direkt an der B 498 zwischen Schulenberg und Altenau.

SCHULENBERG (119 D5) (*D–E2*)
Ursprünglich stand der Ort im Okertal auf dem Grund der heutigen Talsperre. Schulenberg ist durch das „Ski-Alpinum"

am Großen Wiesenberg (645 m) mit zwei Doppelliften und vier Abfahrtspisten im Winter sehr besucht. Auskunft: *Tourist-Information | Wiesenbergstr. 16 | 38707 Schulenberg | Tel. 05329 8 48 | www. oberharz.de*

TORFHAUS (119 E6) (*E3*)
Die Antennen des Senders Torfhaus sind eine unübersehbare Landmarke. Das einsame Forsthaus von einst, das den Torfstechern Quartier bot und von dem Goethe 1777 mit Förster Degen zum Brocken aufbrach, ist heute einer der Superrummelplätze. Der Großparkplatz ist Treff der Biker, Wohnmobilcamper und Hauptausgangsort für Brockenwanderer. Bei klarem Wetter ist der Blick auf den Brocken und hinunter ins Vorland beeindruckend. Am Torfhaus, 8 km östlich von Altenau, beginnen der Brockenaufstieg über den *Goetheweg* (2,5 Stunden) und ein *Rundwanderweg* um das Große Torfhausmoor (1,5 Stunden).
Das *Nationalpark-Besucherzentrum (April–Okt. tgl. 9–17, Nov.–März Di–So 10–16*

MARCO POLO HIGHLIGHTS

★ **Harzquerbahn**
Mit dem Dampfross geht es von Wernigerode bis Nordhausen einmal quer durch den Harz → S. 76

★ **Dicke Tannen**
Faszinierende Baumriesen, die wohl ältesten Harzfichten, finden sich im Wolfsbachtal bei Hohegeiß → S. 76

★ **Brocken**
2 Mio. Besucher im Jahr hat der Allerhöchste → S. 68

★ **Marktkirche**
Die größte Holzkirche Deutschlands steht in Clausthal → S. 72

★ **Sankt Andreasberg**
Alter Bergbauort mit bunten Holzhäusern → S. 77

★ **Iberg**
Schneeballschlacht, Höhlenmuseum und Tropfsteinhöhle → S. 65

★ **Okertal**
Durch das wildromantische Okertal führt ein schöner Wanderweg am naturbelassenen Flussbett entlang → S. 62

★ **Steinharz**
Wie Türme ragen zahlreiche Klippen aus dem Wald heraus → S. 81

Uhr | www.torfhaus.info) informiert multimedial über Moor und Wald, dazu gibt es einen Waldlehrpfad und Naturerlebnisse für Kinder. Daneben steht die Großgaststätte *Bavaria Alm Torfhaus (tgl.*

Zauberhafte Tropfsteinformation im Iberg

9–24 Uhr | Tel. 05320 33 10 34 | www.bavariaalm.de | €), ein bauernhausgroßer Holzbau im Alpinstil mit deftiger bayerischer Kost.

BAD GRUND

(118 B6) *(𝄞 C3)* **Die älteste der sieben Oberharzer Bergstädte (2400 Ew.) liegt als langer Häuserwurm im Tal unter den steilen Berghängen des Ibergs und des Hübichensteins.**
Deren weiße Kalkfelsen schauen aus dem Grün der Buchenwälder heraus. Die Stadt besitzt ein Sole- und Moorheilbad und behandelt Asthmatiker mit der Höhlentherapie im Eisenstein-Stollen.

SEHENSWERTES

KNESEBECK-SCHACHT
Die Anlage, die heute Bergbaumuseum ist, gehörte zur 1992 stillgelegten Grube „Hilfe Gottes", dem letzten Harzer Erzbergwerk. Wahrzeichen ist der 1912 errichtete 47 m hohe Hydrokompressorenturm, ein einzigartiges Denkmal der Montanindustrie. *Führungen April–Okt. Di–So 11 u. 14, Nov.–März Do u. So 11 u. 14 Uhr | www.knesebeckschacht.de*

UHRENMUSEUM
Über 1600 funktionstüchtige Uhren aus aller Herren Länder, von der zierlichen Taschenuhr bis zur tonnenschweren Turmuhr, werden gezeigt. Die Exponate der für Norddeutschland technik- und kulturhistorisch einzigartigen Sammlung werden in der Schauwerkstatt fachgerecht überholt. *Di–So 10–18 Uhr | Elisabethstr. 14 | www.uhrenmuseum-badgrund.de*

ESSEN & TRINKEN ÜBERNACHTEN

HOTEL BELLEVUE
Unübersehbare Villa am Park im Harzer Holzbaustil mit Turm und Veranden. *15 Zi. | Braugasse 5 | Tel. 05327 8 38 40 | www.hotel.bellevue.harz.de | €*

AUSKUNFT

BAD GRUND TOURIST-INFO
Schulbergstr. 2 | 37539 Bad Grund | Tel. 05327 70 07 10 | www.bad-grund.de

ZIELE IN DER UMGEBUNG

IBERG ⭐ ☀ (118 B6) (ϖ C2)

Auf dem 563 m hohen Berg vor den Toren des Orts steht der *Albertturm*, ein Aussichtsturm, an dem im Sommer Schneeballschlachten stattfinden – jedenfalls solange der Schnee reicht. Der Schnee wird im Winter in einer Erdgrube eingelagert. Im Berg befindet sich die berühmte, 123 m lange *Tropfsteinhöhle*. Sie gehört zum Höhlenerlebniszentrum, in dem auch die INSIDER TIPP *Lichtensteinhöhle* nachgebaut wurde. In dieser wurde vor 3000 Jahren der älteste genetisch nachweisbare Familienclan bestattet. Die interessante Geologie des Ibergs ist ebenfalls im *Höhlenerlebniszentrum (Juli, Aug. tgl. 10–17 Uhr, Sept.–Juni Mo geschl.)* dargestellt.

Der *Hübichenstein* nahebei ist ein versteinertes, 50 m hohes Riff. Hier beginnt ein Rundweg durch das ● *Arboretum*, einen 1,5 km^2 großen Exotenwald mit ca. 45 000 Bäumen und Sträuchern in über 500 Arten aus aller Welt.

LAUTENTHAL (118 C5) (ϖ C2)

Die ehemalige Bergbaustadt (2200 Ew.) liegt 15 km nördlich von Bad Grund im weiten Tal der Innerste, die 4 km talabwärts aufgestaut ist. Am *Stausee* ist Wasser- und Bootssport möglich, er ist mit dem Ort durch einen Rad- und Skatingweg verbunden, der sich talaufwärts bis Wildemann fortsetzt.

XXL-Portionen gibt es beim *Harzer Schnitzelkönig (Di geschl. | Tel. 05325 5 88 79 70 | www.harzer-schnitzelkoenig.de | €)* mit einem Café- und Biergarten. Eine herrliche Aussicht auf den Ort und deftige harztypische Gerichte bietet die oberhalb der Bergstadt gelegene Ausflugsgaststätte ☀ *Maaßener Gaipel (Mai–Sept. tgl., Okt.–April Di geschl. | Tel. 05325 52 87 44 | www.maassener-gaipel.harz.de | €)*.

Das *Bergbaumuseum Historische Silbergrube Lautenthals Glück (Jan.–Okt. tgl. 10–17, Nov., Dez. 10–15 Uhr (Nov., Jan. Mo geschl.) | Wildemanner Str. 11–21 | www.lautenthals-glueck.de)* bietet – einmalig im Harz – die Einfahrt in den Berg mit dem Grubenzug, außerdem eine Erzkahnfahrt unter Tage und ein Technikmuseum.

Auskunft: Touristinfo Lautenthal | Kaspar-Bitter-Str. 7 b | 38 685 Lautenthal | Tel. 05325 44 44 | www.lautenthal.eue

WILDEMANN (118 C5) (ϖ C2)

Die kleinste der sieben Oberharzer Bergstädte (1100 Ew.) schlängelt sich in 400–600 m Höhe zwischen steilen Berghängen dahin. Platz blieb nur für ein, zwei Häuserreihen im Innerste- und im Grumbachtal. Der „wilde Mann", ein spärlich bekleideter Hüne mit langem Bart und wirren Locken, zeigte nach der Sage vor 500 Jahren den Erzsuchern den Weg zu reichen Silberadern.

Über dem Ort auf dem Gallenberg steht die *Fachwerkkirche Maria Magdalena*, die nach einem Brand 1914 originalgetreu wieder aufgebaut wurde. Der ⟳ *Bergbauernhof Klein Tirol* widmet sich der Arterhaltung bedrohter Haustierarten wie der braunen Harzziege und dem Roten Harzer Höhenvieh, die in der Bergbauzeit überall im Harz von den Bergleuten gehalten wurden und seit einigen Jahren eine Renaissance erleben. Ein 14 km langer Rundwanderweg führt einmal um den Ort herum.

Das *Hotel Rathaus (9 Zi., 1 Apt. | Bohlweg 37 | Tel. 05323 62 61 | www.hotel-rathaus-wildemann.de | €€)* verarbeitet im ⟳ Restaurant lokale Produkte und serviert Gerichte vom heimischen Wild und vom Harzer Höhenvieh.

Auskunft: Touristeninformation | Bohlweg 5 | 38709 Wildemann | Tel. 05323 6111 | www.oberharz.de

BRAUNLAGE

(123 F2) *(ᗰ F4)* **Aus dem noch vor 150 Jahren abgelegenen Holzfäller- und Kohlenbrennerdorf mit 800 Seelen ist der größte und lebhafteste Ferienort (4600 Ew.) im Oberharz geworden.** Er liegt im weiten Hochtal der Warmen Bode am Fuß des Wurmbergs, des zweithöchsten Bergs im Harz. 1883 stellte hier Oberförster Arthur Ulrichs sich und seine Waldarbeiter auf selbst gebaute Skier, 1892 wurde der erste Skiklub Deutschlands gegründet. Ein sehenswertes Stück des alten Orts ist neben einigen schönen Fachwerkhäusern die neugotische, holzverkleidete *Trinitatiskirche.* Auch der Kurpark ist sehr schön.

ESSEN & TRINKEN ÜBERNACHTEN

LANDHAUS FORESTA
Holz und Stein am Waldrand. Gemütliche Kaminecke und schöne Gartenterrasse. Großer Wellnessbereich mit Sauna, Whirlpool, Solarium und Fitnessgeräten. *22 Zi., 3 Apt. | Am Jermerstein 1 | Tel. 05520 932 20 | www. landhaus-foresta.de | €€*

RESIDENZ HOHENZOLLERN ☀
Deutschlands kleinstes Fünfsternehotel hat einen schönen Blick über Braunlage. 6 luxuriöse Zimmer und 14 ebensolche Suiten. Im *Restaurant Victoria Luise* ambitionierte, leichte regionale Küche. *Dr. Barner-Str. 10–11 | Tel. 05520 932 10 | www.residenz-hohenzollern.de | €€€*

HAUS WALDFRIEDEN
Harzhaus mit Garten, Vollwertkost, Säfte und Salate für Hausgäste. *11 Zi. | Bismarckstr. 3 | Tel. 05520 5 86 | www. braunlage-vegetarisch.de | €–€€*

ROMANTIKHOTEL ZUR TANNE
Gepflegtes Haus im Zentrum. Im Gourmetrestaurant *(Mo geschl. | €€€)* kreative, ausgezeichnete Küche, die mediterrane Speisen und klassische Gerichte der Harzregion miteinander kombiniert. Großer Wellnessbereich. *21 Zi. | Herzog-Wilhelm-Str. 8 | Tel. 05520 93120 | www. tanne-braunlage.de | €€–€€€*

FREIZEIT & SPORT

EISLAUFSTADION
Witterungsunabhängiges Vergnügen auf dem Eis, mit Sonderveranstaltungen wie Disko (Mi, Sa) oder Seniorenlauf (Fr). *Anfang Sept. bis zum Beginn der Weihnachtsferien Di–Fr 10–12 u. 14–16, Sa, So 10–16 Uhr, Weihnachtsferien bis Ende Feb. Mo–Fr 10–12 u. 14–18 Uhr (Mo, Mi nur bis 16 Uhr), Sa 10–16, So 10–17 Uhr | Harzburger Str. 28 | www.eisstadion-braunlage.de*

INSIDER TIPP SALZWELT
Drei kleine Gradierwerke schaffen in zwei Entspannungsräumen mit spezieller Illumination ein einzigartiges Salzklima – wie am Meer. In einem kleinen Laden gibt es Salzprodukte, im Bistro Snacks und Erfrischungsgetränke. *Tgl. 10–18 Uhr | Herzog-Wilhelm-Str. 3 | www.salzwelt-braunlage.de*

AM ABEND

INSIDER TIPP KLASSISCHE MUSIK IM SANATORIUM ●
Im Musikzimmer des *Sanatoriums Dr. Barner* geben das ganze Jahr über immer samstags Musikhochschüler aus Hannover klassische Konzerte, zu denen der Eintritt frei ist. *Sa 20 Uhr | www.sanatorium-barner.de*
Aus architektonischer Sicht ist das ehemalige Sanatorium, heute Fachklinik für Psychosomatik, ein in Deutschland

einzigartiges Gesamtkunstwerk des Jugendstils. Hier hat sich Prof. Albin Müller (1871–1941), einst Leiter der Darmstädter Künstlerkolonie Mathildenhöhe, verwirklicht. Seine Arbeiten – neben

AUSKUNFT

TOURISTINFORMATION
Elbingeröder Str. 17 | 38700 Braunlage | Tel. 05520 9 30 70 | www.braunlage.de

15 Minuten dauert die Fahrt mit der Seilbahn auf den Wurmberg

Stuckdecken, Linoleumfußböden, Tapeten, Türen und Wandpanelen auch Möbel – sind größtenteils noch im Originalzustand erhalten *(Führung Sa 15 Uhr | Dr.-Barner-Str. 1).*

ZUR TENNE
Tanzlokal mit rustikaler Einrichtung, in dem sich bei ausgelassener Partystimmung alle Altersklassen vergnügen. Am Abend Livemusik, u. a. mit dem singenden Wirt „Franky" Faber. Im Sommer zünftige Biergartenatmosphäre, im Winter Après-Ski-Partys. *Tgl. 12–2 Uhr (außerhalb der Saison Mo geschl.), warme Küche bis 22 Uhr | Tel. 05520 2110 | www.tenne-braunlage.de | €–€€*

ZIELE IN DER UMGEBUNG

WURMBERG 🌤 **(120 A5)** *(m F3)*
Immerhin 971 m misst Niedersachsens höchster Berg, der dank seiner Sprungschanze die 1000-m-Marke erreicht. Die lange für eine germanische Kultstätte gehaltene „Hexentreppe" stammt nach neuen Erkenntnissen aus dem 19. Jh. Die *Kabinenseilbahn (Zwischenstation: Rodelhaus | 4,50–12 Euro je nach Strecke | www.wurmberg-seilbahn.de)* ist am schnellsten auf dem Gipfel.
Eine actionreiche Alternative für die Rückkehr ins Tal ist der **INSIDER TIPP** Monsterroller. So heißen die überdimensionalen Tretroller, mit denen man

die 4,5 km lange Abfahrt vom Wurmberg über Stock und Stein in Windeseile bewältigen kann. Den Roller plus Helm (Pflicht!) kann man sich in einer Blockhütte am Großparkplatz in unmittelbarer Nähe der Seilbahnstation leihen. Dort wird die Ausrüstung nach der Schussfahrt ins Tal auch wieder abgegeben. *Mai–Okt. tgl. 9.30–17.30 Uhr | ab 10 Jahren | 14 Euro inkl. Helm und Bergfahrt mit der Seilbahn | www.monsterroller.de*

BROCKEN

KARTE IM HINTEREN UMSCHLAG (120 A4) (*F3*) ⭐ **Alle wollen auf den 1141 m hohen Gipfel des Brocken, der mit über 1 Mio. Besuchern im Jahr sicherlich den Rekord unter den deutschen Mittelgebirgsgipfeln hält.**

Selbst an den lausigsten Nebeltagen treibt es die Brockenstürmer nach oben. Patriotische Pflichten sind es wohl nicht mehr, wie im Kaiserreich, als die Untertanen ihn „Vater Brocken" nannten und Heinrich Heine, den sie sonst nicht mochten, zitierten: „Der Brocken ist ein Deutscher." Man muss einfach oben gewesen sein, den Aufkleber „Ich war oben" vor Ort erstanden haben, egal ob nach hartem Fußmarsch oder einer Fahrt mit der Brockenbahn. Vielleicht ist es einfach die lange Pause, die den Brocken so attraktiv macht: Vom Mauerbau 1961 bis

zum 3. Dezember 1989, dem legendären Brockenmarsch, war hier Sperrgebiet.

An sehr klaren Tagen im Herbst und Winter kann die Sicht über 100 km weit gehen. Doch an den weitaus meisten Tagen können Sie froh sein, wenn Sie auch nur die Brockenkuppe sehen können. Das Klima hier oben ist rau, entspricht 1900 m Höhe in den Alpen. Einige Fakten: Die natürliche Baumgrenze liegt unter dem Gipfelplateau bei 1100 m, die durchschnittliche Jahrestemperatur beträgt 2,9 Grad, es gibt 1600 mm Jahresniederschlag. An 100 Tagen steckt der Gipfel ganztägig in den Wolken, an weiteren 200 Tagen herrscht zeitweise Nebel, ganz und gar frei ist er nur an 50–60 Tagen im Jahr. Er ist der windreichste Ort Deutschlands, an dem Weihnachten 1999 mit über 260 km/h die höchste je in Deutschland gemessene Windgeschwindigkeit aufgezeichnet wurde.

Im Winter sorgt der Wind oft für gigantische Schneeverwehungen, Brockenwirt und Brockenbahn fräsen sich dann den Weg frei. Nach langen Perioden ohne Neuschnee können die Wege extrem vereist sein. Denken Sie in allen Jahreszeiten an warme, windfeste Kleidung, und planen Sie sorgfältig, wenn Sie diesen unwirtlichen Ort besuchen wollen!

Die Sicht ist wie überall in den Bergen ganz früh am Morgen am besten. **INSIDER TIPP** Wandern Sie in einer sternenklaren Nacht los auf einem auch in

BROCKENGESPENST

Keine Erscheinung, sondern ein faszinierendes Naturphänomen: Wenn die Brockenkuppe frei ist, aber unmittelbar darunter an den Hängen der Nebel hängt, projiziert das Licht der tief stehenden

Sonne die Schatten von Personen und Gegenständen auf die Nebelwand. Je tiefer die Sonne steht, umso größer wird der Schatten – und lässt Raum für viele Deutungen ...

der Dunkelheit unproblematischen Weg (Brockenstraße in Schierke oder vom Ehrenfriedhof bei Oderbrück zum Goetheweg), und erleben Sie den beginnenden Tag oben auf dem Berg! Sie sehen dann, dass der Brocken kein einzeln stehender Berg ist, sondern mit seinen Nebengipfeln Kleiner Brocken (1019 m), Königsberg (1023 m) und Heinrichshöhe (1044 m) eine Gebirgsmasse bildet. Hier, in Deutschlands niederschlagsreichster Region, entspringen Ilse, Bode, (Harzer) Oder und Ecker.

Am höchsten Punkt des Brockens steht die *Brockenuhr*, etwas niedriger der *Brockenturm*, der 1937/38 als erster Fernsehturm der Welt 14 Stockwerke hoch gebaut wurde. In ihm befinden sich neben technischen Einrichtungen der Flugsicherung das moderne Hotel *Brockenherberge*, ein *Café* und die verglaste ❄ *Aussichtsplattform*. Unten bietet der große Saal mit Wandmalereien aus den 20er-Jahren als *Gaststätte* 200 Menschen Platz. Daneben stehen der 126 m hohe *Antennenmast*, der noch zu DDR-Zeiten errichtet wurde, und der Neubau der Telekom. Winzig klein duckt sich davor das *Wolkenhäuschen* aus dem Jahr 1736.

SEHENSWERTES

BROCKENGARTEN

Der 1890 als Außenstelle des Göttinger Botanischen Gartens angelegte Brockengarten war Refugium für die schon damals gefährdete Brockenflora (besonders durch das Pflücken der „Brockensträuße"), gleichzeitig wurde die Anpassungsfähigkeit von Alpenpflanzen an das Brockenklima untersucht. Nach der Verwüstung der Brockenkuppe durch die militärische Nutzung wurde der Brockengarten von Botanikern neu angelegt. Heute wachsen hier etwa 1500 Pflanzen-

Der Fernsehturm auf dem Brocken erlebt nur 60 Sonnentage im Jahr

arten des Hochgebirges. *Führungen Mai–Okt. Mo–Fr 11.30 u. 14 Uhr*

BROCKENHAUS
Das Nationalparkhaus informiert über Brockengeschichte, Lebensräume im Nationalpark, Geologie, Tiere, Pflanzen, deutsch-deutsche Geschichte und Fernsehgeschichte. Eine **INSIDER TIPP** Multimediaschau führt alle Wetterlagen und Windstärken auf dem Brocken vor, eine Cafeteria sorgt für Stärkung. *Tgl. 9.30–17 Uhr | www.brockenmuseum.de*

RUNDWEG ☘
Der 2,6 km lange Weg folgt der ehemaligen Brockenmauer. Die Felsenbastion von *Teufelskanzel* und *Hexenaltar* hat Goethe bei seinen Brockenbesteigungen zur Walpurgisszene im Faust inspiriert. *Führungen Mai–Okt. tgl. 11 u. 13 Uhr, Nov.–April tgl. 12 Uhr*

ESSEN & TRINKEN ÜBERNACHTEN

BROCKENHOTEL & -HERBERGE ☘
Recht kleines Angebot: 14 Zimmer, alle mit natürlichen Materialien und Dusche/WC ausgestattet. Gepäcktransfer ab Schierke. Reservierung nötig *(Tel. 039455 120 | www.brockenhotel.de | €€€)*. Im 7. Stock *Café Hexenklause (tgl.)*; ☘ im 8. Stock *Aussichtsplattform*, im Erdgeschoss *SB-Gaststätte* mit Terrasse.

BROCKENWIRT
„Der Höchste im Norden", im 1125 m hoch gelegenen Bahnhofsgebäude und auf der Terrasse – besonders schön in der Wintersonne zwischen Schneebergen. Selbstbedienung mit insgesamt über 200 Plätzen – Suppe aus der Gulaschkanone und weitere deftige Gerichte. *Tgl. | Tel. 039455 2 68 | €*

Der Gipfelrundweg auf dem Brocken mit Blick nach Nordosten; links im Tal sieht man Ilsenburg

WEGE ZUM BROCKEN

Mit dem Auto geht es nicht. Letzte Station mit großen Parkplätzen ist Schierke, dann folgen 7 km sanfter Aufstieg. Die Asphaltstraße ist ideal für den nächtlichen Abstieg nach dem Sonnenuntergang oder bei verpasster Bahn.

Zu Fuß gibt es sechs klassische Wege: *1.) ab Wernigerode (5 Std.):* ins Kleine Breitetal (abkürzend Bahn bis Steinerne Renne), ausgeschildert bis zur Brockenchaussee. *2.) ab Ilsenburg (5 Std.):* Karawanenweg durch das Ilsetal, an den Ilsefällen vorbei. *3.) ab Torfhaus (knapp 3 Std.):* bequemer Aufstieg über „Goetheweg" – der Dichter nahm ihn 1777 – und Kaiserweg zur alten Grenze, auf Betonplatten dort aufwärts und auf Bohlenwegen zur Brockenchaussee. *4.) ab Oderbrück (2,5 Std.)* durch den Bodebruch (Moorweg, viele Wurzeln und Steine) oder auf dem Allwetterweg *ab Ehrenfriedhof (2,5 Std.)* zum Dreieckigen Pfahl, dort weiter auf dem Grenzstreifen zum Goetheweg. *5.) ab Schierke (3 Std.):* bequemster und viel benutzter Weg durch das Eckerloch, gut beschildert und breit. *6.) ab Bad Harzburg oder Eckertalsperre (ca. 3 Std.):* über Teufelsstieg, Scharfenstein-, Hermanns- und Bismarckklippen und den Kleinen Brocken auf den großen. Eine anspruchsvolle Strecke, die aber nicht so überlaufen ist.

Per Rad: eine anspruchsvolle Tour mit dem Mountainbike, oft erschwert durch die Heerscharen von Fußgängern. Die für Autos gesperrten Waldstraßen eignen sich gut. Bitte keine Bohlenwege und Waldpfade nehmen, die sind ausdrücklich Fußgängern vorbehalten. Nur für trainierte Fahrer geeignet. Wegbeschreibung auf *www.brockenbiker.de*

Per Bahn geht es am bequemsten: Die historische Schmalspurbahn fährt mehrmals täglich auf den Brocken. Fahrt ab Wernigerode; kürzere Strecke ab Drei Annen Hohne (großer Parkplatz); die kürzeste Strecke ab Schierke zum Brockenbahnhof. *Einheitspreis pro Strecke (egal wie lang): 18 Euro (28 Euro hin und zurück). www.hsb-wr.de*

CLAUSTHAL-ZELLERFELD

(118–119 C–D6) *(🗺 D2–3)* **Die beiden zur Doppelstadt (14 600 Ew.) zusammengewachsenen Bergstädte waren schon zur Zeit ihrer Gründung im 15. Jh. die Hauptorte des Oberharzer Bergbaus.** Sie besaßen Münzrecht und ab 1775 die Bergakademie Clausthal – heute Deutschlands kleinste technische Universität mit einem bedeutenden Forschungszentrum. Clausthal ist der größere Ort. Zellerfeld wurde nach dem Brand von 1672 mit breiten, baumbestandenen Straßen wieder aufgebaut.

SEHENSWERTES

ALTSTADT CLAUSTHAL
Im Zentrum stehen *Oberbergamt*, *Bergakademie*, *Pastorenhäuser* und die ehemalige *Münze*, alles repräsentative Gebäude im typischen Harzer Holz-

INSIDER TIPP GEOSAMMLUNG

Zweitgrößte europäische Mineraliensammlung mit über 120 000 Exponaten, im Hauptgebäude der Technischen Universität. *Di–Fr 9.30–12.30, Do auch 14–17, So 10–13 Uhr | Adolph-Roemer-Str. 2 a | geomuseum.tu-clausthal.de*

OBERHARZER BERGWERKSMUSEUM
Das älteste Bergwerksmuseum Deutschlands (1892) zeigt in seinen Räumen und

Das Innere der Marktkirche Zum Heiligen Geist mit dem frühbarocken Hochaltar

baustil, und die 1639–42 errichtete ★ *Marktkirche*, Deutschlands größte Holzkirche mit rund 2000 Sitzplätzen. Die 57 m lange Hallenkirche gehört zu den bedeutendsten Baudenkmälern des norddeutschen Barocks. Altar, Kanzel, Taufbrunnen, Weihnachtsengel und Orgelprospekt zählen zu den wichtigsten Zeugnissen sakraler Schnitzkunst des 17. und 18. Jhs. in Deutschland. *www.marktkirche-clausthal.de*

auf dem Freigelände auf vielfältige Weise den Harzbergbau seit dem Mittelalter, wie die 1833 hier erfundene „Fahrkunst", die den Auf- und Abstieg auf Leitern überflüssig machte. Der Rundgang führt in einen 250 m langen Stollen. *Tgl. 10–17 Uhr | Zellerfeld | Bornhardstr. 16 | www.bergwerksmuseum*
Über Tage fährt die Grubeneisenbahn auf einer 2,2 km langen Strecke zum Ottiliae-Schacht. *Fahrten Mai–Okt. Sa 14.30, So u.*

feiertags 11 u. 14.30 Uhr | Treffpunkt am Alten Bahnhof (Busbahnhof).
Ein- bis zweimal im Monat (*Do 14.30 Uhr*) lädt das Alter Ego von August Ey, Oberharzer Heimatdichter (1810–70), zu einem **INSIDER TIPP** kulturhistorischen Kaffeeklatsch in die Museumscafeteria ein und blättert eine Episode der Harzer Geschichte auf.

ZELLERFELD
In der Kirche *St. Salvatoris*, einem Natursteinbau, der im 19. Jh. zur neugotischen Hallenkirche ausgebaut wurde, sind der Taufengel und die Orgel aus dem 17. Jh. sehenswert sowie der 1993–96 von Wilhelm Tübke geschaffene Flügelaltar. Die *Bergapotheke* (1674) gegenüber wird wegen ihrer 66 holzgeschnitzten Gesichter auch „Fratzenapotheke" genannt.
In der ehemaligen Zellerfelder Münze ist der *Kunsthandwerkerhof (Mo–Fr 10–13 u. 14–17, Sa 10–16, So 11–17 Uhr | Bornhardstr. 11)* mit u. a. einer interessanten Glashütte und -bläserei untergebracht. Das *Café Sti(e)lbruch (Mai–Okt. Fr–Mi 11–18, Do 11–22 Uhr)* lockt mit hausgemachten Sahnetorten und kleineren kulturellen Veranstaltungen.

ESSEN & TRINKEN ÜBERNACHTEN

HARZHOTEL ZUM PRINZEN
Das um 1850 erbaute Oberharzer Bürgerhaus ist behaglich im Bauernhausstil eingerichtet. Sauna. *19 Zi. | Zellerfeld | Goslarsche Str. 20 | Tel. 05323 9 66 10 | www.zum-prinzen.de | €€*

INSIDER TIPP LANDHAUS KEMPER
Ganz in Holz und ohne Plüsch mit Möbeln des 19. Jhs. eingerichtet. ☺ Restaurant mit regionaler, ökologisch orientierter Küche. Auch kulinarische Veranstaltungen und Kunstausstellungen. *22 Zi./Apt. |*

Buntenbock | An der Trift 19 | Tel. 05323 17 74 | www.landhaus-kemper.de | €€

WALDHOTEL UNTERMÜHLE
Alte Wassermühle im Wald, nahebei Bade- und Angelteiche. Die Speisekarte offeriert unter anderem Forellen und Wild. Auch Angebote für Mountainbiketouren. *9 Zi., 1 Apt. | Tel. 05323 98 30 98 | www.mountainbike-hotel-harz.de | €–€€*

FREIZEIT & SPORT
Die 22 Wasserwanderwege rund um Clausthal-Zellerfeld sind markiert und mit **INSIDER TIPP** Erklärungstafeln versehen.

LOW BUDGET

▶ 1 km vor Altenau an der Straße nach Torfhaus liegt das *Haus Blume.* Günstige Übernachtung in *3 Zi., 1 Apt. | Schultal 10 | Tel. 05328 10 01 | www.hausblume-altenau.de*

▶ In der ☺ Waldgaststätte *Polsterberger Hubhaus* bei Clausthal-Zellerfeld wird man satt mit handfesten Sachen aus der Region: Ziegenkäse, Fleisch vom Harzrind, Kuchen. *Juni–Okt. tgl., Nov.–Mai Mo/Di geschl. | B 242 zwischen Sankt Andreasberg und Clausthal-Zellerfeld | Tel. 05323 55 81 | www.polsterberger-hubhaus.harz.de*

▶ *Bahni's Hütte* ist ein Matratzenlager mit Küche zur Selbstverpflegung in St. Andreasberg. Schlafsack mitbringen. Auch 3 Apt. *| Braunlager Str. 8 u. 9 | Tel. 05582 2 87 u. 12 12 | www.altes-forsthaus-fischbach.harz.de*

Ein Harzer Unikum: die nordische Stabkirche in Hahnenklee

AUSKUNFT

TOURISTENINFORMATION
Bergstr. 31 | 38678 Clausthal-Zellerfeld | Tel. 05323 8 10 24 | www.oberharz.de

ZIELE IN DER UMGEBUNG

HAHNENKLEE-BOCKSWIESE
(118 C5) ($\varnothing$ D2)
Die beiden Ortsteile (1200 Ew.) liegen auf einer Hochfläche zwischen Innerste- und Gosetal, sie sind von Wäldern und Teichen umgeben. Wahrzeichen ist die 1908 nach norwegischem Vorbild aus Holz gebaute Stabkirche.

Die Residenz Altes Rathaus (Rathausstr. 16 | Tel. 05325 5 10 80 | www.residenz-altes-rathaus.de | €–€€) im denkmalgeschützten ehemaligen Rathaus besitzt elf gut ausgestattete Apartments.
Auf den 726 m hohen Bocksberg (www.erlebnisbocksberg.de) führt eine Seilbahn. Oben gibt es die Ausflugsgaststätte Bocksberghütte (tgl. | Tel. 05325 23 09 | €) und einen ☼ Aussichtsturm. Der ● Liebesbankweg ist ein 7 km langer, sanfter Rundweg mit 25 liebevoll gestalteten Bänken in romantischer Lage, Steinen, in die Verse graviert sind, und der „Quelle der Liebe" mit bestem Wasser.
Auskunft: Tourist-Info | Kurhausweg 7 | 38644 Hahnenklee | Tel. 05325 5 10 40 | www.hahnenklee.de

OBERHARZER WASSERREGAL
(122–123 C–E1) ($\varnothing$ C–D3)
Das Weltkulturerbe Oberharzer Wasserregal ist mit 107 historischen Teichen, 310 km Gräben und 31 km Stollen zum Antrieb der Wasserräder im Bergbau eines der eindrucksvollsten Zeugnisse des Bergbaus im Harz.

HOHEGEISS

(124 A–B 1–2) ($\varnothing$ F4) **Das Bergdorf (1000 Ew.) liegt inmitten von Bergwiesen auf 570–640 m Höhe. Bis 1989 verlief unmittelbar an den Häusern die innerdeutsche Grenze, die hier als breiter Streifen Wildnis noch erkennbar ist.**
☼ Die hübsche Holzkirche steht an einer der höchsten Stellen. Von hier reicht der Blick weit über den Südharz. Im naturnahen Kurpark und auf den Bergwiesen (Naturschutzgebiet) blühen von Mai bis Juli zahlreiche Orchideen und Lilien. Im Winter gehört Hohegeiß zu den schneesicheren Orten mit Rodelbahn, Pisten und Loipen.

SEHENSWERTES

HEIMATMUSEUM

In der *Alten Pfarre* sind das Leben der früheren Bewohner und die Geschichte der innerdeutschen Grenze dokumentiert. *Mi, Sa 16–18 Uhr (Nov.–Weihnachten geschl.) | Lange Str. 34*

ESSEN & TRINKEN ÜBERNACHTEN

LANDHAUS „BEI WOLFGANG"

Das Restaurant mit französischer Küche und Wildgerichten ist gleichzeitig Galerie des malenden Kochs Wolfgang Stolze, der auch komponiert und musiziert. *Mo, Do geschl. | Hindenburgstr. 6 | Tel. 05583 8 88 | www.landhaus-wolfgang.de | €€*

WALDHAUS WOLFSBACHMÜHLE

Mitten im Wald, dicht am Wintersportzentrum, aber absolut ruhig, steht das große Holzhaus. Eigene Fischteiche mit Lachsforellen, gutbürgerliche Küche, Spezialitäten sind Hirsch und Forelle. *3 Zi., 3 Apt. | Mo geschl. | Tel. 05583 93 91 92 | www.wolfsbachmühle.de | €–€€*

AUSKUNFT

TOURIST-INFO

Kirchstr. 15a | 38700 Hohegeiß | Tel. 05583 2 41 | www.hohegeiss.de

ZIELE IN DER UMGEBUNG

BENNECKENSTEIN (124 B1–2) (🗺 G4)

Das Städtchen (2200 Ew.) liegt 565 m hoch und ist damit einer der höchstgelegenen Harzorte mit einem vielseitigen Wintersportangebot (Loipen, Sprungschanze, Schlittenhunderennen). Im Mai und Juni sind die Bergwiesen, Feuchtbiotope und durchsonnten Laubwälder Ziel von Botanikern, die hier Raritäten wie Knabenkräuter, Türkenbund und Sibirische Iris bewundern.

Beim Bummel durch den Ort lohnen das *Rathaus* in der Nordhäuser Straße, das

Auch dieser Graben im Hochwald ist Teil des Oberharzer Wasserregals

Pfarrhaus als ältestes Haus (1656), der hübsche *Kurpark* und der *Gondelteich.* Etwas außerhalb liegt die *Waldbühne* (Veranstaltungen). Im *Eisenbahnmuseum (Bahnhofstr. 23 | Di–Sa 10.15–16.15 Uhr)* ist alles rund um die Harzer Schmalspurbahnen zu sehen.

Im Nachbarort Tanne liegt die Bäckerei und Gaststätte *Zum Brockenbäcker (16 Zi., 3 Apt. | Tel. 039457 97 60 | www. brockenbaecker.de | €€)* im Harzstil, mit rustikaler Küche und Sauna. Am Waldrand steht die einstige Villa *Hotel Harzhaus (36 Zi., 5 Apt. | Heringsbrunnen 1 | Tel. 039457 9 40 | www. hotelharzhaus.de | €€)* mit Blick auf die Bergwiesen, Restaurant *(€)* und Sporthalle.

Auskunft: *Touristinformation im Alten Rathaus | Bahnhofstr. 22c |38877 Benneckenstein | Tel. 039457 26 12 | www. benneckenstein.de*

DICKE TANNEN ★ (124 A2) (⚏ F5)
Im *Wolfsbachtal* (Rundweg Nr. 5 bzw. Weg Nr. 29 D, 3 Stunden) stehen die vermutlich ältesten und mächtigsten Fichten im Harz. Es sind imposante Gestalten mit Moos- und Flechtenbärten.

HARZQUERBAHN ★
Die Harzquerbahn erreicht zwischen Sorge und Benneckenstein ihren höchsten Punkt (555,5 m). An der *Eisfelder Talmühle* (124 C2) (⚏ H5), 22 km östlich von Hohegeiß, können Sie in die Selketalbahn umsteigen. Hier beginnen einige Wanderwege durch die Laubwälder und sanften Täler des Südharzes, die gemächlich ansteigend z. B. nach Benneckenstein zurückführen.

ROTHESÜTTE (124 B2) (⚏ G5)
Erst 1679 wurde der mit 140 Ew. kleinste Ort im Harz gegründet. Er lag über Jahrzehnte im Sperrgebiet der DDR. Die Häuser stehen idyllisch in ihren Gärten. An die Vergangenheit als Köhlerdorf erinnern die Meileröfen am Weg zum *Kleinen Ehrenberg.*

Wanderwege führen auf der Alten Poststraße nach *Sülzhayn* (124 B3) (⚏ G5), auf dem Grenzwanderweg ins 5 km entfernte *Hohegeiß* und ein Stück weiter zum

Entdeckung der Langsamkeit: Das Aussteigen während der Fahrt mit der Harzquerbahn ist verboten

„Ring der Erinnerung" (124 B1) ($\mathcal{W}$ G4), nach *Sorge* (124 B1) ($\mathcal{W}$ G4) sowie nach *Sophienhof* (124 C2) ($\mathcal{W}$ G5), einer Häusergruppe unter hohen Bäumen, umgeben von Bergwiesen und Wäldern. Dort werden auf der 🌀 INSIDER TIPP *Ziegenalm* über 100 Harzer Ziegen gehalten, Lieferanten für Ziegenkäse aus der hauseigenen Käserei und Ziegenfleisch im Hofladen. Im Hofrestaurant gibt es Kuchen und kleine Speisen; im *Heuhotel (5 Apt. | Mo, Di geschl. | Dorfstr. 44 | Tel. 036331 4 82 35 | www.ziegenalm.de | €)* kommen 25 Gäste unter.

SANKT ANDREAS-BERG

(123 E3) ($\mathcal{W}$ E4) ⭐ **Das Bergstädtchen (550–720 m, 1700 Ew.) wurde 1489 von Bergleuten aus dem Erzgebirge gegründet, angelockt von schier unerschöpflichen Mengen an Silber.**

Sie gruben in 400 Jahren die tiefsten Schächte des Harzes. Der alte Ort mit seinen bunten, holzbeschlagenen Häusern steigt von der Unterstadt längs der steilsten Stadtstraßen Deutschlands (ca. 20 Prozent) zur *Kirche* (1811) hinauf, einem großen klassizistischen Hallenbau. Der *Glockenturm* (1792) steht auf dem Glockenberg und ist Wahrzeichen der Stadt. St. Andreasberg war im 19. Jh. Hochburg der Kanarienvogelzucht mit bis zu 40 000 Harzer Rollern im Jahr. 1896 begann hier der Skisport.

SEHENSWERTES

GRUBE SAMSON

Das historische, 810 m tiefe Silberbergwerk war von 1521 bis 1910 in Betrieb und besitzt die letzte noch betriebsfähige Fahrkunst der Welt, die 1837 den Auf- und Abstieg der Bergleute auf Leitern überflüssig machte. Die Besucher können in der Kunstradstube die 12 m großen, funktionsfähigen Wasserräder besichtigen. *Grubenführungen tgl. 11 u. 14.30 Uhr*

Im Grubenhaus ist das *Heimatmuseum und Harzer Roller-Kanarienmuseum (Mo–Sa 9–12.30 u. 13–16, So 10.30–12.30 u. 14–16 Uhr | www.harzer-roller.de)* mit einer Münzen- und Mineraliensammlung, einer Bergmannsstube und einer Ausstellung über INSIDER TIPP die Geschichte der Kanarienzucht (mit lebenden, singenden Vögeln), des Klöppelns und des Skifahrens untergebracht.

NATIONALPARKHAUS

In der ehemaligen Erzwäsche zeigen Multimedia- und Tonbildschau anschaulich die Zusammenhänge zwischen Natur, Kulturlandschaft und Denkmalschutz. *April–Okt. Mo–Fr 10–18, Sa, So 10–17 Uhr, Nov.–März Di–So 10–17 Uhr | www. nationalparkhaus-sanktandreasberg.de*

ROTER BÄR

Am Beerberg ist die Einfahrt zum Lehrbergwerk Roter Bär. Ab 1988 wurde es als Kulturdenkmal wieder begehbar gemacht. Unbedingt robuste Kleidung und Gummistiefel mitbringen. *April–Okt. Sa 14 Uhr oder nach Absprache | Tel. 05582 15 37 | www.grube-roter-baer.de*

ESSEN & TRINKEN ÜBERNACHTEN

BERGHOF ARNIKA ☼

Auf der Höhe mit weitem Blick über den Ort und die Berge. Garten, Hallenbad. *7 Apt. | Auf der Höhe 34 | Tel. 05582 10 66 | www.berghof-arnika.harz.de | €–€€*

HAUS AM KURPARK

Zentral und ruhig am Kurpark gelegene Pension mit gemütlichen, hellen Zimmern. *8 Zi. | Am Kurpark 1 | Tel. 05582 10 10 | www.haus.am.kurpark.harz.de | €*

ZUR KLEINEN KAPELLE

Früher Kirche, heute Kneipenrestaurant mit der Originalausstattung von 1927. Kleine Speisen zum Bier, Steaks, Salate. *Di geschl. | Herrenstr. 12 | Tel. 05582 99 96 85 | €*

EINKAUFEN

Die **INSIDER TIPP** „Offene Werkstatt" in der *Rathausscheune (April, Juni, niedersächsische Sommerferien, Ende Aug.)* mit Ausstellung und Verkauf ist eine gute Gelegenheit, altes und neues Harzer Kunsthandwerk kennenzulernen.

FREIZEIT & SPORT

HÖHENWANDERWEG ☼

Der gekennzeichnete 15-km-Rundwanderweg beginnt an der Touristinformation und bietet großartige Fernsichten. Bis auf ein Steilstück an der Andreasberger Rosstrappe ist er einfach zu gehen.

SOMMERRODELBAHN

Gut 500 m lang geht es auf der Superrutsche vom Matthias-Schmidt-Berg in den Wäschegrund. Hinauf kommt man zu Fuß oder per Sessellift. *März–Okt. tgl. bei trockenem Wetter | www.alberti-lifte.de*

AUSKUNFT

TOURISTINFORMATION

Am Kurpark 9 | 37444 St. Andreasberg | Tel. 05582 8 03 36 | www.oberharz.de

DIE RÜCKKEHR DER LUCHSE

Alles was Krallen, scharfe Zähne und krumme Schnäbel hat, wurde früher erbarmungslos gejagt. 1818 wurde der letzte Luchs bei Lautenthal erlegt. Nach erfolgreichen Auswilderungen im Bayerischen und im Pfälzer Wald wurden ab 2000 auch im Harz Luchse in die freie Wildbahn entlassen, wo sie vorwiegend Rehe jagen. Nicht alle dieser 24 Tiere, die aus Zuchtbeständen von Tiergärten stammten, überlebten. Bisher wurden jedoch 86 Geburten beobachtet, und es dürften sogar mehr sein, da die hübschen Raubtiere ein sehr heimliches Leben führen und in riesigen Revieren unterwegs sind. Luchse live können sie bei den Fütterungen (Mi u. Sa 14.30 Uhr) im Schaugehege an den Rabenklippen *(siehe S. 33)* bei Bad Harzburg erleben. *www.luchsprojekt-harz.de*

ZIELE IN DER UMGEBUNG

REHBERGER GRABEN & ODERTEICH
(123 E2) (🗺 E3)

Der *Rehberger Graben* (7,2 km) wurde 1699–1703 angelegt, um das Wasser der großen Moore für die 88 Wasserräder in den Gruben zu nutzen. Heute produzieren sechs mit Grabenwasser angetriebene Kraftwerke 6,5 Mio. kW im Jahr. Der Weg im Norden von St. Andreasberg überwindet die 723 m hohe ● *Jordanshöhe* (mit geologischem Lehrpfad) und folgt dem überdeckten Graben hoch über dem Odertal. Beliebt ist die Gaststätte *Rehberger Grabenhaus (Di–So, im Sommer 9–18, im Winter 9–16.45 Uhr | Tel. 05582 789 | €–€€)*, bei der Sie abends an manchen Tagen Wildfütterungen miterleben können. Am *Goetheplatz* erheben sich steile Hornsteinklippen. Hier fand Goethe 1777 den Beweis für die feurige Natur der Erde: Der glutheiße Granit im Erdinneren brachte die Tonschiefersedimente zum Schmelzen und verwandelte sie in Hornstein.

Eine gute Bademöglichkeit bietet sich nach 7 km des Wanderns am INSIDER TIPP *Oderteich*, dabei sind aber unbedingt die Schutzzonen des Nationalparks zu respektieren. Der Oderteich, erbaut 1714–21, war die erste europäische Talsperre (Fassungsvermögen: 1,7 Mio. m³). Über seine 18 m hohe Staumauer führt heute die Harzhochstraße. Reizvoll ist der Rückweg durch das Odertal mit Einkehrmöglichkeit in der *Waldgaststätte Rinderstall (Mi geschl. | Tel. 05582 740 | www.gaststaette-rinderstall.de | €)*.

Am Westufer des Oderteichs führt ein Waldweg, der seinem Namen INSIDER TIPP „Märchenweg“ mit märchenhaften An- und Ausblicken wirklich gerecht wird, durchs Hochmoor nach Torfhaus. Am Ostufer beginnt der

Oderteich: 30 ha groß ist dieser „Teich“, wenn die Talsperre ganz gefüllt ist

Aufstieg zum Brocken (3 Std.) über Oderbrück und Dreieckiger Pfahl.

SCHIERKE

(120 A5) (*M F3*) **Der Ort (700 Ew.) zieht sich lang und schmal am Tal der Kalten Bode hinauf. Die Lage am Fuß des Brockens machte Schierke Ende des 19. Jhs. zum feinsten und meist besuchten Gebirgsort im Harz und brachte ihm den Beinamen „St. Moritz des Nordens" ein.** Nach der Wende wurde investiert und renoviert. Den Parkplätzen sieht man an, dass Schierke der Hauptausgangsort für Brockenbesteigungen ist. Eine ganze Reihe von Loipen gibt es am Kleinen und Großen Winterberg, längs der Bode und am Oberen Königsberger Weg bis zum Dreieckigen Pfahl, wo Anschluss an die Loipen von Torfhaus, St. Andreasberg und Braunlage besteht.

ESSEN & TRINKEN ÜBERNACHTEN

PENSION ANDRÄ
Klein und fein, hell gestrichenes Holz, familiäre Atmosphäre, saisonale Küche. *9 Zi., 1 Apt. | Brockenstr. 12 | Tel. 039455 51257 | www.pension-andrae.de | €€*

DER KRÄUTERHOF
In *Drei Annen Hohne* am Bahnhof, ruhig gelegen, helle und freundliche Zimmer, Restaurant mit rustikalen, harztypischen Gerichten, auch vegetarisch. *40 Zi. | Tel. 039455 840 | www.hotel-kraeuterhof.de | €€*

WALDSCHLÖSSCHEN SCHIERKE
In italienischem Design renovierte Jugendstilvilla. Restaurant mit Harzer Spezialitäten. *30 Zi. | Hermann-Löns-Weg 1 | Tel. 039455 8670 | www.waldschloesschen-schierke.de | €€*

BÜCHER & FILME

▶ **Die Harzreise** – Eine Perle der Reiseliteratur und immer noch erfrischend zu lesen: Heinrich Heines Beschreibung seines Harzbesuchs von 1824

▶ **Die Könige der Nutzholzgewinnung** – Die Komödie wurde 2006 in Tanne gedreht und erzählt den Alltag einer Gruppe von Arbeitslosen und ihren Ausbruch aus der Misere. *www.die-koenige-der-nutzholzgewinnung.de*

▶ **7 Zwerge – Männer allein im Wald** und **7 Zwerge – der Wald ist nicht genug** – Zu einem großen Teil im Harz drehte das Team um Otto Waalkes 2004 und 2006 die beiden wirklich lustigen Filme, in denen viele Stars der deutschen Comedyszene versammelt sind. *www.7zwerge-derfilm.de*

▶ **Quitilinga History Land** – Quedlinburg (früher: Quitilingaburg) steht in den Harzkrimis von Christian Amling im Blickpunkt. Seit 2005 sind sechs Bände erschienen

▶ **Harzreise im Winter** – Keinerlei Staub angesetzt hat auch Goethes Gedicht über seine Brockenbesteigung 1777

▶ **Russisch Blut** – Der Thriller von Anne Chaplet spielt 1945 und nach der Wende in Blankenburg

AUSKUNFT

NATIONALPARKHAUS
Am westlichen Ortausgang an der Brockenstraße. *Tgl. 8.30–16.30 Uhr | Tel. 039455 4 77 | www.nationalpark-harz.de*

TOURISTINFORMATION
Brockenstr. 10 | 38879 Schierke | Tel. 039455 86 80 | www.schierke-am-bro cken.de

ZIELE IN DER UMGEBUNG

ELEND (120 B5) (*m G3*)
Von Schierke nach Elend führt der schnellste Weg (17 G, 2 km) längs der Kalten Bode durch das eindrucksvolle Elendstal. Aufregender, mit großartiger Aussicht ist der Weg über die ☼ INSIDER TIPP *Schnarcherklippen*, der an einigen Stellen über Eisenleitern führt. „Sieh nur die alten Felsennasen, wie sie schnarchen, wie sie blasen", schrieb Goethe im Faust. Der Name des kleinen Kurorts (430 Ew.) hat nichts mit „elenden" Lebensverhältnissen zu tun. Die Bezeichnung soll vielmehr von Ilsenburger Mönchen stammen, die das Gebiet „eli lenti", fremdes Land, nannten. Elend besitzt die kleinste *Holzkirche* Deutschlands.
Das Hotel *Grüne Tanne (25 Zi. | Tel. 039454 4 60 | www.mandelholz.de | €€)* liegt an der B 27 zwischen Elend und Königshütte beim Stausee Mandelholz: ein schönes altes Haus, gut modernisiert, *Restaurant (Nov.–April Mo geschl. | €€)* mit regionaler saisonaler Küche, Wellnessangebot und Liegewiese. Auskunft: *Touristinfo | Hauptstr. 19 | 38 875 Elend | Tel. 039455 3 75 | www.harz.eu*

STEINHARZ ★ (120 A–B 4) (*m G2–3*)
Am Nord- und Osthang des Brockens ragen zahlreiche Klippen empor wie Türme und Bastionen. Sie sind harte Gesteinskerne aus Granit oder Hornstein, die stehen blieben, als das umgebende weichere Gestein verwitterte und zu kleineren Blöcken oder Sand zerfiel.

Eisenstiege erleichtern die Besteigung des Ottofelsens im Steinharz

Gleich über dem Bahnhof ragen die *Feuersteinsklippen* empor, dort wo der Glashüttenweg, einer der klassischen Brockenaufstiege, zum *Ahrensklint* und zum *Mönchsstein* führt, den Erzsucher vor Jahrhunderten als Wegmarke setzten. Weiter geht es zu den *Brockenkindern* und der *Kapelle*, eindruckvollen Granitklippen auf dem Renneckenberg. Am Nordhang über der Steinernen Renne thront der *Ottofelsen*. ☼ Auf einige Klippen führen Eisenstiege und -leitern. Sie bieten mit ihren 10–20 m Höhe eine überwältigende Sicht.

DER UNTERHARZ

Die Täler von Bode, Selke, Thyra und Wippra haben sich mit steilen Rändern, Felshängen und vielen Flusswindungen in die weiten Hochebenen des Unterharzes eingeschnitten.

Felder, Weideflächen und ausgedehnte Laubwälder, Dörfer mit niedrigen Fachwerkhäusern und Bauerngärten prägen den Unterharz, in dem vielfach die Zeit stehen geblieben scheint. Während die beiden höchsten Berge, der Ramberg im Norden und der Auerberg im Süden, in topografischer Hinsicht kaum bemerkenswert sind, beherrscht im Westen der Brocken den Horizont. Echte Perlen im Unterharz sind die Rübeländer Tropfsteinhöhlen und die malerische Fachwerkstadt Stolberg, auf deren Hausberg das riesige eiserne Josephskreuz thront.

HARZGERODE

(126 B3) (🗺 K5) Das hübsche Städtchen (5000 Ew.) liegt auf der Hochfläche des Unterharzes – nicht weit vom schönsten Teil des Selketals entfernt. Der verkehrsgünstig gelegene Ort ist an die Selketalbahn angeschlossen. Dichte Laub- und Nadelwälder sowie idyllisch gelegene Teiche laden zu Ausflügen in die Umgebung ein.

SEHENSWERTES

MARKT
Um den Marktplatz der einstigen Bergbaustadt stehen das 1901 gebaute *Rathaus* mit Turm und Erker im Fachwerkstil,

Bild: Der Rappbode-Stausee

Weite Felder, dichte Wälder: Dieser Teil des Harzes hat seine idyllische Landschaft und seine Ursprünglichkeit bewahrt

der *Roedersche Freihof*, die *Bergfaktorei* und die *St. Marienkirche* von 1698 *(Besichtigung Mo, Sa 10–15, Di–Do 10–16, So 10–13 Uhr)*. Die Innenausstattung gehört zum Besten der Harzer Holzbaukunst.

SCHLOSS

Am Rand der Altstadt steht das befestigte Schloss, dessen Festsaal einen bemerkenswerten Parkettboden aus 18 verschiedenen Harzer Holzarten hat. *Führungen Di–Fr 11 u. 13–15 Uhr, Sa, So 11–16 Uhr*

AUSKUNFT

STADTINFORMATION
Marktplatz 7 | 06493 Harzgerode | Tel. 039484 7 47 67 03 | www.harzgerode.de

ZIELE IN DER UMGEBUNG

ALEXISBAD (126 B3) *(⑪ K5)*
Der Badeort, 3 km von Harzgerode entfernt, wurde 1810 von Herzog Alexius von Anhalt-Bernburg gegründet, seine bauliche Konzeption stammt von Karl

Friedrich Schinkel. Es war ein kleiner, feiner Kurort. Auch den späteren Bauten aus der Gründerzeit ist das anzusehen, insbesondere dem großen *Kurhaus* im Park. Spazierwege in der Umgebung füh-

GÜNTERSBERGE (125 E2) *(ⓜ J5)*
Auf flachen Hügeln zieht sich der 13 km von Harzgerode entfernte Ort mit verwinkelten Straßen hinunter zum Bergsee. Besonders schön ist die Anfahrt

Villa mit Fachwerk und Türmchen: eigenwillige Architektur in Alexisbad

ren zur steinernen *Verlobungsurne*, zum *Luisentempel*, zum *Teehäuschen (Petrus-Kapelle)* und zur *Köthener Hütte* – Stätten, die im 19. Jh. im Geschmack der Zeit gestaltet wurden. Am *Bahnhof* treffen die Linien der Selketalbahn nach Gernrode, Harzgerode, Hasselfelde und Nordhausen zusammen. Die Doppelausfahrt von zwei Zügen ist ein beliebtes Fotomotiv. Das **INSIDER TIPP** ▶ *Habichtstein Resort (104 Zi., 7 Apt. | Kreisstr. 4–6 | Tel. 039484 7 80 | www.habichtstein-harz.de | €€– €€€)*, ein angenehm modernisiertes Hotel mit dem Wellnessbereich „Vitalterrassen", bietet eine feine 🌿 Küche aus lokalen Produkten und Fleisch vom Harzer Höhenvieh.

mit der Schmalspurbahn. Einzigartig ist das **INSIDER TIPP** ▶ *Mausefallenmuseum (Klausstr. 138 | Sa, So 14–17 Uhr, Gruppen nach Absprache | Tel. 039488 4 30 | www. mausefallenmuseum.de)*, wo nicht nur gezeigt wird, auf wie viele Arten Mäuse verfolgt wurden und werden, sondern auch jede Menge Kuriositäten gesammelt sind.

An der Straße nach Treseburg liegt kurz hinter *Allrode* (125 D1) *(ⓜ J4)* das *Jagdschloss Windenhütte (10 Zi., 1 Apt. | Tel. 039456 2 33 | www.jagd schloss-windenhuette.de | Restaurant (Mo geschl.) €–€€ | Hotel €€)* mitten im Wald. Zum ehemaligen Jagdhaus der Braunschweiger Herzöge, das eine schöne alte Holzausstattung hat, führt ein Waldweg.

MÄGDESPRUNG (126 B3) (⨅ K4)

Zwischen Alexisbad und Mägdesprung (6 km von Harzgerode) ist das Selketal nicht so sanft wie in seinem weiteren Verlauf. Der Bach zwängt sich zwischen den Felsen hindurch, weicht Bergnasen aus und bildet kleine Kaskaden. Das Eisen der Bergwerke wurde längs der Selke in Hammerschmieden und in der Kunstgießerei verarbeitet. Im historischen *Carlswerk (März–Nov. tgl. 10–16 Uhr | www.harzgerode.de/carlswerk)* sind Maschinen aus dem 19. und frühen 20. Jh. ausgestellt, und die Geschichte des Unternehmens wird dokumentiert.

Über dem Selketal stehen die Ruinen mehrerer Burgen, die zu den königlichen Jagdhöfen des Mittelalters gehörten. Auch heute sind die hoch gewachsenen Eichen- und Buchenmischwälder reich an Wild. Von Mägdesprung führt eine schmale Straße im Talgrund an mehreren Waldsiedlungen vorbei zur *Selkemühle*. Am Bach entlang verläuft zwischen den Felsklippen ein INSIDERTIPP Wanderweg, mal direkt am Wasser, mal in der Höhe.

STRASSBERG (125 E2) (⨅ K5)

Der 10 km von Harzgerode entfernte Ort liegt, umgeben von der Hochfläche des Unterharzes, idyllisch im oberen Selketal. Er wurde jahrhundertelang vom Bergbau geprägt und Ende des 19. Jhs. an die Schmalspurbahn angeschlossen. In unmittelbarer Nähe von Straßberg wurde bis 1982 in einem Nebental der Selke Flussspat abgebaut. Die *Grube Glasebach (Glasebacher Weg | April–Okt. Di–Do 10–16, Sa, So 10–17 Uhr, letzte Führung 1 Std. vor Schließung | Tel. 039489 2 26 u. 2 01 | www.grube-glasebach.de)* dient heute als Bergbaumuseum und Schaubergwerk.

HASSELFELDE

(120 C6) (⨅ H4) **Das Städtchen (2900 Ew.) liegt auf einer weiten, leicht gewellten Hochfläche. Nach dem letzten großen Stadtbrand 1893 wurden die alten, engen Straßen durch breite Alleen ersetzt, um im Fall von Bränden das Übergreifen des Feuers zu verhindern.**

Das reizvolle Umfeld wird geprägt von kleinen Flusstälern und den Ausläufern der Rappbodetalsperre, die mit dem Hassel-Vorbecken bis an den Ortsrand heranreicht.

SEHENSWERTES

KÖHLERMUSEUM ●

Die *Köhlerei Stembeghaus* ist ein Freiluftmuseum – das erste seiner Art – mit dem Köhlerfest im August. *4 km Richtung Blankenburg | tgl. 10–18 Uhr | www.harzkoehlerei.de*

ESSEN & TRINKEN ÜBERNACHTEN

HOTEL HAGENMÜHLE ✿

Harztypisches Essen in der historischen Hagenmühle mit Biergarten. Gemütliche Sitzplätze im malerischen Innenhof der ehemaligen Wassermühle mit Blick über

⭐ **Tropfsteinhöhlen**
Faszinierende Höhlen mit Sälen, Kammern, Grottenolmen bei Rübeland → **S. 88**

⭐ **Stolberg**
Der Geburtsort des Bauernführers Thomas Müntzer mit vielen schönen Fachwerkhäusern → **S. 89**

MARCO POLO HIGHLIGHTS

Im malerisch gelegenen Örtchen Treseburg fließt die Bode ruhig dahin

die hauseigenen Pferdekoppeln. *16 Zi. | Hagenstr. 6 | Tel. 039459 7 00 50 | www.hotel-hagenmuehle.de | €–€€).*

FREIZEIT & SPORT

Am Waldrand liegt das *Waldseebad* mit schöner Liegewiese *(im Sommer tgl. 9–20 Uhr | B 81 Richtung Nordhausen).* Die bei Touristen so beliebte Western-stadt *Pullman City (s. Seite 105)* liegt am nördlichen Ortsrand.

AUSKUNFT

TOURISTINFORMATION
Breite Str. 17 | 38 899 Hasselfelde | Tel. 039459 7 13 69 | www.hasselfelde.de

ZIELE IN DER UMGEBUNG

ALTENBRAK (121 D5) (*⌂ J4*)
Das Dorf (400 Ew.) ist eine lange Häu-serreihe über der Bode. An dem hier meist ruhig dahinströmenden Fluss mit dicht bewachsenen Ufern entlang füh-ren Wanderwege nach Wendefurth und Treseburg. Auf der Waldbühne finden im Sommer Kindertheater, Operettenauf-führungen und der Harzer Jodlerwett-streit statt.
Das Hotel *Harzer Jodlermeister (25 Zi. | Sankt Ritter 26a | Tel. 039456 56 80 | www.zum-harzer-jodlermeister.de | €€)* liegt an einem Hang über dem wildro-mantischen Bodetal. Gemütliche, helle Zimmer, Restaurant mit harztypischer Küche und sonniger Terrasse, moderner Wellnessbereich mit Blockhaussauna. Auskunft: *Bodetalinformation, Ortsteil Altenbrak | Unterdorf 5 | 06502 Thale | Tel. 039456 2 05 | www.bodetal.de*

RAPPBODETALSPERRE
(120–121 C–D5) (*⌂ H3–4*)
Die Häusergruppe *Wendefurth* liegt di-rekt an der Staumauer der unteren Tal-sperre (Angelmöglichkeit, Bootsverleih)

mit dem *Hotel Zur Bode (April–Okt. | 2 Zi. | 3 Apt. | Tel. 039456 9 15 | www.zur-bode. de | €–€€)*, wo es Forellen und Wild gibt. Zur Krone der 106 m hohen Staumauer führt ein Weg neben der B 81. Die Talsperre ist die größte im Harz und auch der größte Energieerzeuger der Region. Sie staut die Rappbode auf, die südlich von Benneckenstein entspringt. Auf der Westseite der Staumauer sind ❄ Aussichtsterrassen angelegt *(Führungen April–Okt. tgl. ab 9.30 Uhr bis zur Dämmerung)*.

STIEGE UND DER SELKETAL-STIEG

Das Örtchen *Stiege (125 D2) (◻ H4)* liegt 3 km südlich von Hasselfelde und wird überragt von einem kleinen ❄ Schloss. Zwischen hohen Bäumen schmiegt sich Stiege idyllisch um einen See, im Sommer mit Naturbad und Bootsverleih. Direkt am See steht das *Haus am See (14 Apt. | Lange Str. 4 | Tel. 039459 74 80 | www.hausamsee-stiege.de | €)* mit Restaurant und Seeterrasse .
Auf der Harzhochfläche bei Stiege entspringt die Selke und schlängelt sich im meist sanften Tal durch die Laubwälder des Unterharzes. Es gibt aber immer wieder enge Felsdurchbrüche mit kleinen Wasserfällen. Der Bahnhof von Stiege ist Ausgangspunkt des 67 km langen Fernwanderwegs *Selketal-Stieg (s. Seite 97)*.

TRESEBURG (121 E5) (◻ J4)

Villen in Holz- und Fachwerkbauweise mit Veranden und Türmchen prägen das 17 km entfernte Treseburg. Der Ort ist Ausgangspunkt für Wanderungen durchs Bodetal zur Rosstrappe.
An der Brücke über die Bode bietet das *Hotel Forelle (34 Zi., 2 Apt. | Ortstr. 28 | Tel. 039456 56 40 | www.hotel-forelle.de | €€)* geräumige Zimmer, frisch zubereitete Forellen und eine schöne Terrasse. Auskunft: *Bodetalinformation, Ortsteil Treseburg | Ortsstr. 24 | 06502 Thale | Tel. 039456 2 23 | www.bodetal.de*

RÜBELAND

(120 C5) (◻ H3) **Bei Rübeland (1400 Ew.), hat sich die Bode ein enges Tal mit steilen Felswänden durch den Kalk genagt. Wenige Kilometer südlich der Ortsgrenze mündet sie dann in die Rappbodetalsperre.**
Vor allem Baumanns- und Hermannshöhle ziehen die Besucher geradezu magisch an. Die beiden Tropfsteinhöhlen gehören zu den Highlights im Harz, und

LOW BUDGET

▶ Extreme Schnäppchenjäger finden in den 🍃 kleinen Dörfern östlich von *Harzgerode* Äpfel und Zwetschgen von der Streuobstwiese, Kartoffeln, die schmecken, Wurst aus Hausschlachtung zu Fair-Trade-Preisen.

▶ In *Molmerswende*, 260 Ew., wurde 1747 Gottfried August Bürger geboren, der die „Abenteuer des Freiherrn von Münchhausen" geschrieben hat. Ein kleines *Museum* befindet sich in seinem Geburtshaus. Spende willkommen. *Di–Fr 10–16, Sa 13–16, So 10–12 Uhr | www.gottfried-august-buerger-molmerswende.de*

▶ Wer im Western-Look, egal ob Bleichgesicht oder Rothaut, in *Pullman City* bei Hasselfelde über die Prärie angeritten kommt, darf gratis hinein, Gleiches gilt für Wanderreiter. *Mitte April–Okt. tgl. 10–1 Uhr | www. pullmancity-2.de*

daher darf sich Rübeland ganz offiziell und werbewirksam „Höhlenort" nennen.

SEHENSWERTES

BLAUER SEE
Der See, der einen früheren Steinbruch ausfüllt, verdankt seine Farbe im Wasser gelöstem Kalk, der bei Sonneneinstrahlung alle Spektralfarben des Lichts außer Blau herausfiltert, sodass nur der intensive Blauton sichtbar ist. Im Sommer trocknet der See oft aus. Fußweg vom Parkplatz Garkenholz an der Straße nach Hüttenrode. *mp.marcopolo.de/har12*

TROPFSTEINHÖHLEN ★
(120 C5) (*ID H3*)
Die *Baumannshöhle*, in der Knochen des Höhlenbären gefunden wurden, ist seit 1646 für Besucher zugänglich und reich an Tropfsteinen. Der Goethesaal mit dem Wolfgangsee besitzt eine wunderbare Akustik und wird für Vokalmusik und Konzerte genutzt.

Die *Hermannshöhle* wurde 1866 entdeckt und bekam als erste Schauhöhle der Welt 1890 elektrische Beleuchtung, um den Besuchern die bis zu 48 m hohen Säle, die Kristallkammer und die lichtscheuen Lurche im Olmensee vorzuführen. Dieser ist Lebensraum für noch INSIDER TIPP 13 Exemplare des Grottenolms, den es sonst nirgendwo in Deutschland gibt. *Führungen Juli, Aug. tgl. 9–17.30 Uhr, Nov.–Feb. 9–15.30 Uhr, übrige Monate 9–16.30 Uhr | warm anziehen, drinnen sind nur 8 Grad | www. harzer-hoehlen.de*

ESSEN & TRINKEN ÜBERNACHTEN

PENSION UND EISCAFÉ NR. 1
Im Café viele Sorten Eis und Kuchen, im Dachgeschoss wohnt man preiswert und behaglich, große Terrasse. *5 Zi., 3 Apt. | Blankenburger Str. 27 | Tel. 039454 4 92 52 | www.numero-1.de | €*

AUSKUNFT

TOURIST-INFORMATION
Markt 3 | 38875 Elbingerode | Tel. 039454 8 94 87 | www.harzer-hoehlen.de

ZIELE IN DER UMGEBUNG

BÜCHENBERG (SCHAUBERGWERK)
(120 C4) (*ID H3*)
Bergbautechnik aus DDR-Zeiten, schöne Erzaufschlüsse, der Rundgang ist 600 m lang. *Führungen tgl. 10, 12, 14, 16 Uhr | www.schaubergwerk-elbingerode.de*

ELBINGERODE (120 C5) (*ID G–H3*)
Der malerische Fachwerkort (5300 Ew.) liegt auf dem Mittelharzer Hochplateau, dem *Bodfeld*. Es besteht aus Dolomitkalk, der reich an Höhlen und bizarren Felsbildungen ist und noch heute im Tagebau abgebaut wird. Im Mittelalter war das Bodfeld ein wichtiges Erzgruben- und Hüttengebiet und kaiserliches Jagdrevier. 1970 wurde die Förderung von Eisenerz eingestellt. Sehenswert sind die alte *Apotheke*, das *Brauhaus* und die nach einem Brand 1858 im neugotischen Stil wieder aufgebaute *Stadtkirche*. *www.elbingerode.de*

KÖNIGSHÜTTE (120 B5) (*ID G3*)
Königshütte (600 Ew.) liegt am Zusammenfluss von Kalter und Warmer Bode, 4 km von Elbingerode entfernt. Über dem Tal steht die *Königsburg* aus dem 11. Jh. mit Rundturm und Resten der Burgmauer. An der Bode entlang führt der *Wanderweg nach Rübeland* (48 K, 3 Std.) mit schönen Ausblicken auf das Tal und seine wilden Felsen; toller Fernblick zum Brocken.

STOLBERG

(125 D3) (*J6*) ⭐ ● **Das mittelalterliche Städtchen (1300 Ew.) mit seinen mehr als 380 bunten, gepflegten Fachwerkhäusern war einst eine Bergmannssiedlung. Eingebettet in vier Täler, schmiegt sich das idyllische Stolberg an die Harzberge, die hier vorwiegend von Laubwäldern bestanden sind.**

SEHENSWERTES

MARKT
Hier steht das *Denkmal* des Predigers und Bauernführers Thomas Müntzer, der 1489 in Stolberg geboren wurde. Das *Rathaus* hat innen keine Treppen, in die oberen Stockwerke führen seitliche Außentreppen. Etwas erhöht steht die *Martinikirche*, in der Martin Luther 1525 gegen den von Müntzer geführten Bauernaufstand predigte. Am südlichen Ende des Marktplatzes ragt der aus dem 13. Jh. stammende *Saigerturm* 30 m in die Höhe. Er gehört zu den Wahrzeichen Stolbergs und war ursprünglich Teil der Stadtbefestigungsanlage. Seinen Namen erhielt er von einer Saigerschmelzhütte, die im Mittelalter in unmittelbarer Nähe silberhaltige Erze verarbeitete.

MUSEUM ALTE MÜNZE
In einem der schönsten Fachwerkhäuser der Stadt befinden sich ein Gedenkraum für Thomas Müntzer und eine Münzwerkstatt. *Niedergasse 19 | Mi–Fr 10–12.30 u. 13–17, Sa, So 10–12 u. 13–17 Uhr*

SCHLOSS ☆
Der Aufstieg zum Schloss lohnt sich schon wegen des schönen Blicks auf Stadt und Umland. Nach langen Restaurierungen kann das Schloss mit seiner spätbarocken Ausstattung wieder besichtigt werden. Besonders sehenswert sind das Treppenhaus mit Fresken, die Kapelle und die fürstlichen Wohnräume. *Di–Fr 11–16, Sa/So 11–17 Uhr | www.stolberger-schloss.de*

Stolbergs Marktplatz mit dem Thomas-Müntzer-Denkmal

ESSEN & TRINKEN ÜBERNACHTEN

GASTHAUS KUPFER
In dem 450 Jahre alten, denkmalgeschützen Fachwerkhaus ist jedes Zimmer ein romantisches Unikat. Im Restaurant mit bodenständiger Küche gibt es als Spezialität „Stolberger Lerchen", nach alter Rezeptur hergestellte Bratwürstchen. *24 Zi. | Am Markt 23 | Tel. 034654 4 22 | www.gasthaus-kupfer.de | €–€€*

INSIDER TIPP **NATURRESORT SCHINDELBRUCH** ☺
Das frühere Landhotel, 7,5 km entfernt, in einem weitläufigen Park am Waldrand, wurde ökologisch und klimaneutral umgebaut. Wellnesscenter mit Saunadorf. *78 Zi. | Schindelbruch 1 | Tel. 034654 80 80 | www.schindelbruch.de | €€€*

FREIZEIT & SPORT

ERLEBNISBAD THYRA-GROTTE
Große Badelandschaft mit Rutsche, Whirlpool und Außenbecken. *Thyratal 5a | So–Do 10–21, Fr, Sa 10–22 Uhr*

AUSKUNFT

TOURISTENINFORMATION
Markt 2 | 06547 Stolberg | Tel. 034654 4 54 | www.stadt-stolberg.de

ZIELE IN DER UMGEBUNG

JOSEPHSKREUZ ☆
(125 E3) (ⓜ J5–6)
Ein 5 km langer Wanderweg führt zum Josephskreuz. Der 1896 auf dem Großen Auerberg (580 m) errichtete Aussichtsturm (38 m) ist das größte eiserne Doppelkreuz der Welt. Die Doppelkreuzform geht auf den Architekten Karl Friedrich Schinkel zurück. Er hatte den Entwurf für das erste Josephskreuz geliefert, das aus Holz gebaut war und 1880 durch einen Blitzschlag zerstört wurde. Der neue Turm gewährt einen Rundblick bis zum Kyffhäuser. *April–Okt. Mo–Fr 10–18, Sa, So 10–19 Uhr, Nov.–März 10 Uhr bis zur Dämmerung.* Rasten können Sie im *Bergstübl (Dez.–Ostern Di–So 9–18 Uhr, Ostern–Okt. tgl. 9–19 Uhr | Tel. 034654 4 76 | €)*. 2 km entfernt liegt das rustikale Hotel *Forsthaus Auerberg (14 Zi., 1 Apt. | Tel. 034654 80 60 | www.auerberg-harz.de | €–€€)*.

SCHWENDA (125 E3) (ⓜ J6)
Die von acht Säulen getragene Barockkirche *St. Cyriaki und Nicolai* in Schwenda (600 Ew.), 7 km von Stolberg entfernt, wurde 1736–38 von einem stolbergischen Baumeister nach dem Vorbild der Dresdner Frauenkirche als Rundbau errichtet.

WIPPRA & WIPPERTAL
(126–127 C–E4) (ⓜ K–N 5–6)
Ganz im Osten ist der Harz an seinen höchsten Erhebungen gerade noch

TOUREN OHNE WANDERSTOCK

Wesentliche Teile des Harzes lassen sich auch per Fahrrad erkunden. Dazu muss man nicht zwingend ein Mountainbiker sein. Denn um den Harz herum führt ein Radweg, der sich auch mit einem soliden Trekking-Rad bewältigen lässt. Der Harzrundweg ist rund 350 km lang und hat, da er unmittelbar an den Rändern des Harzes entlangführt, einige Steigungen. Dafür liegen nahezu alle sehenswerten Orte im Nord-, Süd- und Unterharz an der Strecke. Lediglich der Oberharz mit seinen Höhen, die sich am besten per Mountainbike erklimmen lassen, wird ausgespart. Schilder mit einer radelnden Hexe kennzeichnen den Harzrundweg, der teilweise auf dem Radfernwanderweg R 1 verläuft. Start- und Zielpunkt des Gesamtwegs ist Goslar, doch losradeln kann man überall.

400 m hoch und läuft in weiten Hügeln zum Saale-Tal aus. Die Täler sind jedoch recht steilwandige Einschnitte in diese sehr sanfte Landschaft mit Buchenwäldern, weiten Wiesen und Getreidefeldern. *Wippra* (1500 Ew.) liegt mitten im

gebogen und gefaltet sind. Im Sommer können Sie sich im und am *Vatteröder Teich* erfrischen, wo es eine Badeanstalt und Gaststätte gibt. Von hier sind es dann noch 20 Minuten Weg zum Bahnhof Vatterode.

200 Stufen bis zur Aussichtsplattform: das stählerne Josephskreuz auf dem Auerberg

Tal und ist ein kleiner Kurort mit einigen schönen Fachwerkhäusern.

Es ist Endstation einer idyllischen Nebenbahnlinie, die von Mansfeld kommt und die Dörfer im Tal verbindet. Mit der **INSIDER TIPP** „Wipperliese" fahren Sie bis Friesdorf-Ost und steigen zum ✷ Dorf und Schloss *Rammelburg* (nur Außenbesichtigung möglich) hinauf, die beherrschend auf einer Bergnase über einer Schleife der Wipper stehen. Sie folgen dem Weg (blauer Punkt) hinunter ins Tal, der dicht an Fluss und Bahn verläuft. Hinter Biesenrode zeigt er in der Talenge an der Klippmühle einen geologischen Aufschluss des *Mansfelder Kupferschiefers*, wo die Steinschichten

Im Wippertal wurde 2009 Deutschlands erster offizieller **INSIDER TIPP** Nacktwanderweg eröffnet. Der 18 km lange Naturistensteig (Markierung: gelbes N) führt von *Dankerode* (126 B4) (𝄐 *K5*), dem Start- und Zielpunkt des Rundwanderwegs, an der Wippertalsperre entlang bis nach Wippra. Damit sich angezogene Wandersleute und Sonntagsspaziergänger nicht erschrecken, wird vor Menschen im Adams- oder Evakostüm in freier Wildbahn „gewarnt" – mit netten Schildern: „Willst du keine Nackten sehen, darfst du hier nicht weitergehen." Wer keine Probleme mit nackten Tatsachen hat, ist übrigens trotz Textilien auf dem FKK-Wanderweg willkommen.

AUSFLÜGE & TOUREN

Die Touren sind im Reiseatlas, in der Faltkarte und auf dem hinteren Umschlag grün markiert

1

DIE STRASSE DER ROMANIK

Diese Route führt Sie von Goslar über Halberstadt nach Sangerhausen, insgesamt 170 km. Um ausreichend Zeit für Besichtigungen zu haben, sollten Sie drei Tage einplanen. Goslar ist reich an romanischer Baukunst, und ab Halberstadt fahren Sie auf der gut ausgeschilderten Straße der Romanik. Neben Kirchen, Klöstern, Burgen und Fachwerk gibt es aber auch viel Natur am Wegesrand zu entdecken.

Goslar → S. 39 besitzt mit Kaiserpfalz, Marktbrunnen, Marktkirche, Neuwerkskirche, Frankenberger Kirche und der Vorhalle des abgebrochenen Doms ein einmaliges Ensemble romanischer Baukunst. Die B 6, der Sie dann folgen, begleitet den Nordharzrand bis an sein östliches Ende. Auf der B 6 neu bei Abbenrode geht es über die ehemalige Grenze, die kaum noch wahrzunehmen ist. Danach bietet sich ein Abstecher in die Fachwerkstadt INSIDER TIPP ▶ Osterwieck an, die nach der Restaurierung Hunderter Ackerbürgerhäuser aus dem 16.–18. Jh. wieder sehr ansehnlich geworden ist. Weiter geht's über Wernigerode nach Halberstadt → S. 43 ins Harzvorland. Der gotische Dom mit hohem Dach und Doppeltürmen ist schon von Weitem zu sehen. Wieder Richtung Harz unterwegs, bieten sich ein Abstecher zur Burgruine Regenstein → S. 39 vor Blankenburg und die anschließende Besichtigung des

Bild: Die Kaiserpfalz in Goslar

Baudenkmäler und Bergeshöhen: Ein Mittelgebirge wie der Harz wartet natürlich mit vielen Wanderwegen auf

Klosters **Michaelstein → S. 38** an. Über Westerhausen fahren Sie nach **Quedlinburg → S. 45**. Dessen Stiftskirche und Domschatz sind Höhepunkte der Harzromanik. Sehr archaisch wirkt die außerhalb auf dem alten Friedhof gelegene Wipertikirche. Weitere Stationen sind **Gernrode → S. 48** mit einmaliger Stiftskirche von 959 und über Ballenstedt ein Abstecher zur Burg **Falkenstein → S. 36** – eine der besterhaltenen Burgen im Harz. Bei Ermsleben führt eine schmale Straße zur **Konradsburg → S. 37**, die auf

den flachen Ausläufern des Unterharzes steht. Hier sind die Abraumpyramiden von 900 Jahren Bergbau die höchsten Erhebungen. **Schloss Mansfeld** hinter Hettstedt mit spätgotischer Schlosskirche, Wallgräben, Mauern und Gewölben ist heute Bildungsstätte, kann aber besichtigt werden. Über Mansfeld geht es nach **Sangerhausen → S. 59**, der letzten Station der Romanik-Reise; hier erinnert die Ulrichskirche in ihrer Bauart an die Kirchen in Burgund. *www.pretzien.de/ romanik*

2 EINE TOUR AUF DEM KARSTWANDERWEG

Von Osterode nach Pölsfeld bei Sangerhausen führt diese Tour durch Deutschlands längstes Biosphärenreservat, das sich etwa 100 km lang und meist nur wenige Hundert Meter breit am südlichen Harzrand entlangzieht. Preiswerte Unterkunft gibt es in fast allen Orten. Zwischenstrecken können mit der Bahn überbrückt werden.

Schon der Name ist geheimnisvoll: die „Einhornhöhle" in Scharzfeld

Der über 140 km lange Fernwanderweg erschließt die Karstlandschaft, die durch Auslaugung des weichen Gipsgesteins reich an Höhlen, Seen und Teichen, wasserreichen Quellen und Bachversickerungen ist. Gips, Anhydrid und Dolomitkalk bildeten einen in Europa einmaligen Naturraum, der aus vielen kleinen und kleinsten Naturschutzgebieten inmitten forst- und landwirtschaftlich genutzter Flächen besteht. Er ist durch den Abbau des Rohstoffs Gips bedroht. Weiß leuchtende Felswände und Steinnadeln stehen in einer sonst sanft gewellten Landschaft mit Weiden, Getreidefeldern, Trockenrasenflächen, Streuobstwiesen und hochstämmigen Buchenwäldern. Die kleinen unter Schutz stehenden Flächen weisen einen natürlichen Reichtum an seltenen Tieren und Pflanzen auf (Orchideen, Pflanzen der osteuropäischen Steppen, Schmetterlinge, Amphibien und Vögel). Der Weg ist in seiner ganzen Länge markiert, im Kreis Osterode mit braunem Punkt auf gelbem Feld, im Verlauf durch Thüringen und Sachsen-Anhalt mit rotem Strich auf weißem Feld.

Von **Osterode → S. 55** geht es auf dem nördlichen Karstwanderweg zu den Teichen des **Teufelsbads.** In diesen von Schilf umkränzten Gewässern haben sich zahlreiche Vogelarten niedergelassen. Von dort geht es über Düna auf dem südlichen Weg ins **INSIDER TIPP** *Hainholz.* Hier sind Karstlöcher, Teiche, Quellen und Gipswände durch einen Landschaftslehrpfad erschlossen. Der Wald wurde 1998 durch einen Orkan stark verwüstet. Wissenschaftler nutzen hier die Gelegenheit zu beobachten, wie sich die Natur ohne den Eingriff des Menschen regeneriert. Über das Herzberger Schloss gelangen Sie (wieder auf dem Nordweg) vorbei am **Juessee** (einem Karstsee mit Naturbad) nach **Scharzfeld → S. 55** mit Steinkirche, „Einhornhöhle" und Burgruine.

Über die Königshütte in **Bad Lauterberg → S. 52** steigen Sie auf die ersten Vorhöhen des Harzes. In Steina führt der Weg nach Süden zum **Römerstein**, einem urzeitlichen Korallenriff, und an Teichen und Seen vorbei zur Klosterruine **Walkenried → S. 56**.

Der Itelteich und das „Himmelreich" gehören zu den eindrucksvollsten Felslandschaften im Gipskarst. Am **Hohnstein** zerstört der Gipsabbau großflächig die Landschaft. Die INSIDER TIPP *Rüdigsdorfer Schweiz* ist ein an Erdfällen reiches Heide- und Trockenrasengebiet, unterbrochen von kleinen Laubwäldern. Zwischen dem Dorf Steigerthal und Uftrungen mit der Höhle **Heimkehle → S. 58** liegt das ausgedehnte Waldgebiet **Alter Stolberg**, das besonders an den Rändern reich an Dolinen (trichterförmige Erdlöcher) und Quellen ist. Im Kreis Sangerhausen verläuft der Weg gradliniger auf dem schmalen Gipsrücken. Der See **Bauerngraben** bei Breitungen liegt zeitweilig trocken, weil das Wasser in den Gesteinsklüften verschwindet.

Um **Questenberg → S. 59** herum wird der Karst richtig schroff, und es gibt beträchtliche Höhenunterschiede. Wo die Hänge nicht bewaldet sind, werden sie von ausgedehnten Schafweiden und Streuobstwiesen bedeckt. Von Wettelrode mit dem Schaubergwerk **Röhrigschacht** führt die Strecke über Acker- und Weideland nach Obersdorf und **Pölsfeld**, wo der Karstwanderweg endet. *www.karstwanderweg.de*

Auch als Ruine noch beeindruckend: Teil der Westfassade des Klosters Walkenried

3 AUF DEM HARZER HEXENSTIEG

Der 94 km lange Fernwanderweg schlängelt sich wie ein roter Faden durch die schönsten und markantesten Gegenden des Harzes. Er führt von Osterode über Torfhaus und den Brocken ins Bodetal nach Thale und ist mit der Harzhexe auf grünem Grund gekennzeichnet. Die einzelnen Routen und Etappen des Hexenstiegs können Sie nach Wunsch miteinander kombinieren. Von **Osterode → S. 55** bis **Buntenbock** (12 km) folgt er den alten Fuhrmannswegen, die auf der Höhe zwischen Lerbachtal und Sösetal durch ausgedehnte Laubwälder führen. Die anschließende Etappe durch den Oberharz (23 km) macht mit den Teichen und Gräben des **Oberharzer Wasserregals → S. 74** bekannt und führt durch die Bergfichtenwälder und die Felsenklippen der „Steilen Wand" bis nach **Torfhaus → S. 63**. Dort gabelt sich der Weg: Der Hauptweg führt auf dem „Goetheweg" auf den Brocken hinauf und dann durch den Steinharz an

Schlungsklippe, Ahrendsklint und Trudenstein vorbei nach **Drei Annen Hohne** (18 km). Die Variante (ca. 13 km länger) folgt dem „Märchenweg" über Oderteich und Rehberger Graben nach **St. Andreasberg → S. 77** und durchquert das Odertal. Von Braunlage erreicht dieser Weg über Elend das **Bodetal → S. 49** und in Königshütte den Hauptweg, der zwischen Drei Annen und Altenbrak auf seiner Nordroute (30 km) längs der Bode die Rübeländer Höhlen berührt, während die Südroute (31 km) über Trautenstein und Hasselfelde durch sanfte Wiesentäler und weite Hochflächen führt.

In **Altenbrak → S. 86** beginnt der 14 km lange letzte Abschnitt im tief eingeschnittenen Bodetal nach **Treseburg → S. 87** und **Thale → S. 48** – die klassische Bodetalwanderung mit den Abstechern zur **Rosstrappe** über die Schurre und zum **Hexentanzplatz**. *www.hexen-stieg.de*

4

HARZER GRENZWEG AM „GRÜNEN BAND"

Auf den 1393 km Grenze zwischen den ehemals zwei deutschen Staaten haben viele seltene Tier- und Pflanzenarten eine neue Heimat gefunden. Diese Wanderung auf dem Harzer Grenzweg führt 58 km am „Grünen Band" entlang durch die attraktivsten Gebiete zwischen Nord- und Südharz. Der Startpunkt liegt an der Eckertalbrücke bei Stapelburg, Ziel ist Walkenried. Der Grenzwanderweg ist mit einem grünen „G" gekennzeichnet.

Bis auf kurze Strecken verlief der befahrbare „Kolonnenweg" unmittelbar am Grenzzaun. Fast überall ist der einst umgepflügte Todesstreifen mit Bäumen und Sträuchern bewachsen, haben sich an sonnigen Stellen Trockenrasenflächen ausgebreitet. Der Weg wechselt immer wieder die Seite der einstigen Grenze. Es lohnt sich auch immer wieder, Abstecher zu markanten Felsen und Kuppen und in die wenigen grenznahen Orte (solche Abzweigungen sind gekennzeichnet) zu machen, wo man einkehren und übernachten kann.

Zuerst verläuft der Weg im Eckertal bis zur **Eckertalsperre**. Er steigt am Hang des Brockens hinauf und erreicht zwischen Eckersprung und Bodesprung mit 860 m Meereshöhe seinen höchsten Punkt. Oder Sie machen einen recht

Stausee am Fuß des Brocken: Einst verlief die deutsch-deutsche Grenze durch die Eckertalsperre

anstrengenden Abstecher auf dem „Kolonnenweg" zum Brocken und hinunter auf dem „Goetheweg" zum **Dreieckigen Pfahl**. Dort beginnen ausgedehnte Moorflächen. Die Bremke und dann die Warme Bode bis zur B 242 bei Sorge bilden eine weite Tallandschaft, deren Reichtum an Blumenarten, Schmetterlingen und anderen Insekten im Harz einzigartig ist.

Das Freiland-Grenzmuseum bei **Sorge → S. 77** und das Kunstwerk **Ring der Erinnerung** sind Mahnmale an die Zeit vor der Wiedervereinigung. Der Künstler Hermann Prigann hatte 1993 aus Totholz einen Ring aufgetürmt, der inzwischen von lebendigem Grün überwachsen ist.

Am Dreiländereck zwischen Hohegeiß, Benneckenstein und Rotheshütte beginnt der bisweilen steile und unübersichtliche Abstieg in den Südharz, wo anders als auf den Harzhöhen Laubwälder die Landschaft prägen. Das Ziel **Walkenried → S. 56** erreicht man durch die Talebenen von Zorge und Wieda. 2009 wurde der Grenzweg bis ins Harzvorland verlängert: im Norden bis zum ehemaligen Grenzturm nach Rhoden und im Süden bis zum Grenzmuseum nach Tettenborn.

Die Gesamtlänge beträgt seither 92 km. *www.wandern-im-harz.de*

5 **SELKETAL-STIEG MIT BAHNANSCHLUSS**

Der Bahnhof in Stiege bildet den Ausgangspunkt für den 67 km langen Fernwanderweg Selketal-Stieg. Ziel ist Quedlinburg. Schilder mit der Silhouette der Burg Falkenstein weisen den Weg. Auf weiten Strecken verläuft in unmittelbarer Nähe die ● Selketalbahn, mit der müde Wanderer kurze Abschnitte des Weges überbrücken können.

Die erste Etappe (24 km) führt von Stiege nach Alexisbad. Über Güntersberge geht es durch eine ehemalige Bergbauregion nach **Straßberg → S. 85**, wo das Besucherbergwerk Grube Glasebach zu einer Untertagetour einlädt. Nach dem Ausflug folgt der Aufstieg zu den Mühlenköpfen mit dem Kunst- und Naturhof Hänichen, bevor der historische Kurort **Alexisbad → S. 83** in Sichtweite kommt. Auf dem Klippenweg beginnt der zweite Abschnitt (23 km), auf dem das Örtchen **Mägdesprung → S. 85** mit dem Industriemuseum Carlswerk der erste Anlaufpunkt ist. Kurz hinter dem Ort passieren Sie an der „Lampe" die engste, nur 15 m breite Stelle des Selketals. Im Anschluss bieten sich Besichtigungen der Burgruine Anhalt sowie der **Burg Falkenstein → S. 36** an. In **Meisdorf** ist das zweite Etappenziel erreicht. Mit dem Schloss in **Ballenstedt → S. 35** und der romanischen Stiftskirche St. Cyriakus in **Gernrode → S. 48** rücken auf der letzten Etappe (20 km) schnell zwei weitere Sehenswürdigkeiten in den Blickpunkt. Von Bad Suderode aus schlängelt sich der Selketal-Stieg vorbei an der Teufelsmauer nach **Quedlinburg → S. 45**, wo er mitten im Weltkulturerbe endet.

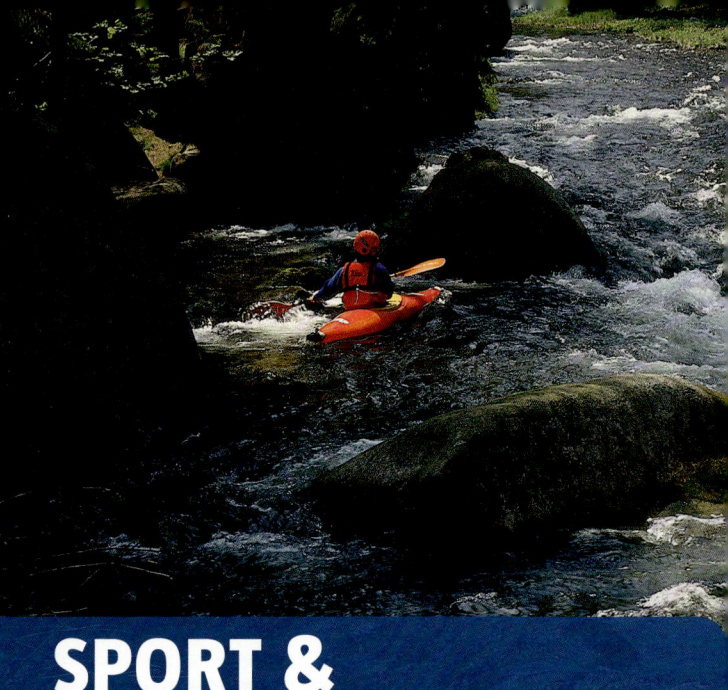

SPORT & AKTIVITÄTEN

Der Harz hat Sportgeschichte geschrieben! Mit der Brockenbesteigung Goethes ging es los: Harzwanderungen wurden Trendsportart. Sie waren damals eine echte sportliche Leistung: Was heute gut ausgebaute Wanderwege sind, waren vor 225 Jahren kaum sichtbare Pfade durch Gehölz und Moor. 110 Jahre später wurde ein Oberförster aus Braunlage Deutschlands erster Skifahrer, und auch Golf wird im Harz gespielt. Sport wird großgeschrieben, das Angebot des Nationalparks, der Ferienorte, der Hotels und Hütten ist bunt und vielseitig.

ANGELN

Eine selbst gefangene Harzer Forelle ist schon etwas Besonderes, und zum Angeln in Bächen und Seen finden Sie reichlich Gelegenheit. Ob Sie eine Angelkarte brauchen, erfahren Sie in den Touristinformationen und in Angelsportgeschäften. Darüber hinaus gibt es ganze Reihe von Angeboten für einen Angelurlaub.

GLEITSCHIRMFLIEGEN

Von steilen Bergen aus geht es mit Schwung in die Harzer Lüfte, oder man lässt sich von einer Motorwinde am Seil nach oben ziehen. Die *Harzer Gleitschirmschule (Tel. 05321 4 37 37 u. 05322 14 15 | www.harzergss.de)* hat in Goslar und Bad Harzburg ihre Standorte. Für Anfänger gibt es Schnupperkurse und die Chance, im Tandemflug abzuheben. Fortgeschrittene können den Pilotenschein machen.

Bild: Kajakfahren auf der Oker

Wilde Wasser, Wintersport, Wandern: Zwischen Bergen und Tälern können Sie sommers wie winters sportlich aktiv sein

KAJAK & KANU

Die Spanne reicht vom Paddelvergnügen mit Indianerbooten auf Talsperren und Flüssen bis zu Wildwasserfahrten im Okertal. Bootsverleih: *Harzagentur | Clausthal-Zellerfeld | Bergstr. 31 | Tel. 05323 98 24 60 | www.harzagentur.de*

KLETTERN

Im Sommer bieten sich viele Sportarten in freier Natur an. Wer den Mut hat, versucht es mit dem Klettern an Harzer Felswänden unter fachlicher Anleitung. Kletterfelsen gibt es im Steinharz zwischen Schierke, Drei Annen Hohne und Steinerner Renne, am Römerstein bei Bad Sachsa, in den Tälern von Oker, Ilse und Bode. Touren und Hüttenvermietung über: *Deutscher Alpenverein (DAV) Basislager Brocken | Sektion Wernigerode | Weinbergstr. 32 B | Tel. 039455 5 15 46 | www.dav-basislager-brocken.de* (mit Kletterwand) und *Bergsport Arena St. Andreasberg | Hinterstr. 3 | Tel. 05582*

Wird auch im Harz immer beliebter: Freeclimbing

geöffnet, querfeldein ist tabu. Goethe-weg und Brockenstraße sind meist sehr voll. Dort haben Wanderer „Vorfahrt". Elf Touren ab Ilsenburg beschreibt *www. brockenbiker.de.*

Genau 69 Routen der ● *Volksbank-Arena Harz* mit 15–55 km Länge liegen im Ober- und Südharz. Auf dem 2000 km langen Netz mit insgesamt 55 000 Höhenme-tern finden Biker alle Schwierigkeits-grade auf gut markierten Wegen – von leichten Touren längs der Wassergräben bis zur „Himmel-&-Höllen-Tour". *Volks-bank Arena Harz | Bergstr. 31 | Clausthal-Zellerfeld | Tel. 05323 98 24 61 | www. volksbank-arena-harz.de*

NORDIC WALKING

Ursprünglich als Sommertraining für Skiangläufer entwickelt, erfreut sich Nordic Walking auch im Harz immer grö-ßerer Beliebtheit. In vielen Orten werden Kurse angeboten. Zentren für die sanfte Ausdauersportart gibt es in Altenau, Bad Harzburg, Blankenburg, Braunlage und Thale. Stockverleih und die Ausschilde-rung spezieller Strecken mit verschie-denen Schwierigkeitsgraden sind dort Standard. Natürlich kann sich jeder im 8500 km langen Wanderwegenetz auch seinen ganz eigenen Parcours suchen.

REITEN

Möglichkeiten gibt es im Harz fast über-all: *Reiterhof Buritz (Bad Harzburg) | Tel. 05322 8 65 11; Reiterhof Benneckenstein | Tel. 039457 23 81; Reitanlage Braunlage | Tel. 05520 35 20 | Reiterhof Wernigero-de | Tel. 03943 2 41 44.*

8154 | www.bergsport-arena.de, mit Hochseilgarten im Kurpark (April–Okt. Sa, So 11–17 Uhr).

MOUNTAINBIKING

Wälder und Hochflächen, Berge und Täler sind durch ein riesiges Wegenetz erschlossen. Die befestigten Waldwege und ein Teil der schmalen Pfade, so-genannte Single Trails, sind für Radler

WANDERN

Es gibt viele Hundert Kilometer gekenn-zeichneter Wanderwege, die auf den zwei Wanderkarten des Harzklubs und zusätzlich auf örtlichen Karten markiert sind. An wichtigen Ausgangspunkten für Touren sind Übersichtskarten und Wegweiser aufgestellt. Verirren kann man sich kaum, wenn man diesen Markierungen folgt und auf den Wegen bleibt. Mit festen Wanderschuhen kommen Sie besser über steiniges Gelände und durch feuchte, schlammige Stellen. Nehmen Sie unbedingt eine Flasche Wasser mit! Für Notfälle gehören ein Erste-Hilfe-Päckchen und das Handy in den Rucksack. Geführte Wanderungen bieten die meisten Ferienorte an. Wanderungen mit den Rangern im Nationalpark können Sie in den Nationalparkhäusern buchen.

WINTERSPORT

Ski, Snowboard, Langlauf: Der Oberharz ist mit Pisten, Loipen, Seilbahnen und Liftanlagen gut erschlossen, besonders in den hoch gelegenen Orten St. Andreasberg, Braunlage, Altenau, Torfhaus und Schulenberg, wo es Skischulen gibt und wo Ausrüstung verkauft und verliehen wird. Weitläufige Langlaufreviere sind die Clausthaler Hochfläche und der Acker. Bei Drei Annen Hohne und Schierke sowie am Wurmberg gibt es Alpinabfahrten und ein gut ausgebautes Loipennetz. Auf dem Brocken selbst ist kein Wintersport erlaubt.

Die Hochflächen des Ostharzes sind ein ideales Langlaufrevier und nicht so überlaufen. Die überall erhältliche „Wintersportkarte Harz" gibt eine Übersicht über Loipen, Abfahrten und Sporteinrichtungen.

Rodeln bringt am meisten Spaß auf den präparierten Bahnen, denn im lockeren Tiefschnee bleibt der Schlitten stecken. Auf Loipen und Pisten für Abfahrtsski nicht rodeln, denn Schlittenspuren zerstören die präparierten Bahnen. Rodel-

bahnen – zum Teil mit Flutlicht – gibt es in Hahnenklee, St. Andreasberg, Torfhaus und Wildemann, die längsten in Braunlage und Harzgerode.

Eislaufen kann man in den Eissporthallen von Bad Sachsa und Braunlage. Auch Freilufteisbahnen stehen zur Verfügung. Bei entsprechender Wetterlage können das Natureisstadion in Schierke, der Schmelzteich in Bad Sachsa, der Carler Teich in Clausthal-Zellerfeld sowie das ehemalige Krodobad in Bad Harzburg und der Kurpark in Hahnenklee für das winterliche Vergnügen genutzt werden. In der freien Natur ist auf Teichen und Stauseen Vorsicht angeraten. Strömungen und Schwankungen des Wasserspiegels machen das Eis brüchig. Unbedingt Warntafeln beachten!

Skiwandern am Fuß des Brockens

MIT KINDERN UNTERWEGS

Im Harz gibt es für Kinder alles, was es auch anderswo gibt: Spielplätze, Superrutschen, Sommerbobs, Erlebnisbäder. Und es gibt den Harz. Bäche zum Durchwaten, Bergwiesen zum Drachensteigen, verlassene Bergbauhalden, wo Schatzsucher Erzbrocken und Kristalle finden können. Die Lizenz für Entdecker sind die Ferientickets, mit denen Kinder in den Sommerferien unbegrenzt mit Bahn und Bus im Regionalverkehr reisen können. Leider gelten sie immer nur für ein Bundesland.

Badelandschaften, zum Teil auch mit warmen Außenbecken im Winter, gibt es u. a. in Altenau, Bad Frankenhausen, Bad Harzburg, Bad Lauterberg, Bad Sachsa, Halberstadt und Stolberg. Superrutschen und Sommerbobbahnen haben von Ostern bis in den Herbst Saison in St. Andreasberg, in Thale und in Wippra. Die Schneeballschlacht im Sommer mit echtem Schnee vom Winter gibt es an jedem Sonntag um 16 Uhr am Albertturm bei Bad Grund. In Hütten, Jugendherbergen und Naturfreundehäusern treffen Kinder und Jugendliche jede Menge Gleichaltrige. Familien finden preiswerte Unterkunft, viele Häuser haben Familienzimmer, Sportgeräte und Räume für Feten.

NATIONALPARK LIVE UND VIRTUELL

Wildnis und Natur stecken voller Überraschungen, die Entdeckungsreise mit Ranger und Nationalparkführer ist spannend und schärft die Sinne. Man trifft auf Hexen und Bergtrolle oder sieht Wildtiere an den Beobachtungsstationen. Nähere

Bild: Pullman City II

Wilder Westen im Ostharz: Neben Erlebnisparks und Spaßbädern ist auch das Angebot des Nationalparks für die Kids interessant

Auskünfte über die einzelnen Touren und Termine erhält man in den Tourist-Infos, den Ranger-Stationen und in den acht Nationalparkhäusern. Dort gibt es auch Animationen mit spannenden Aufgaben und Spiele.

Auch virtuell ist für Abwechslung gesorgt. So hält Luchsdame „Lena Lynx" auf der Nationalpark-Homepage mehrere Rätsel bereit, bei denen sich Kinder zum Beispiel auf die Spuren der wilden Tiere begeben können, um das frisch erworbene Wissen zu testen. *www.nationalpark-harz.de*

DER NORDHARZ

HAUS DER NATUR BAD HARZBURG 🌐
(119 F5) (ⓜ F2)
Wenn in der recycelten Flipperkiste die Kugel durch den Wald rollt, gibt es keine Punkte, sondern es keimen kleine Buchen. Im „Tatort Wald" erfährt man, dass der Borkenkäfer nicht nur ein Bösewicht ist, und man kann die Meinung von Wildkatze, Torfmoos und Auerhuhn hören. Ins „Reich des Luchses" führen Ranger die Kids zu den Wildtierbeobachtungsstatio-

nen am Molkenhaus und zum Luchsgehege an den Rabenklippen. *Nordhäuser Str. 1c | Di–So 10–17 Uhr | Tel. 05322 78 43 37 | www.nationalpark-harz.de | Eintritt 3 Euro, Kinder 1 Euro*

ZINNFIGURENMUSEUM GOSLAR
(120 D4) (*$\mathcal{D}$ D1*)

Nach einem Rundgang durch das Zinnfigurenmuseum in Goslar können Kinder sich selbst an die Arbeit machen. Elefant, Krokodil, Pferd oder Schwein – die jungen Zinngießer haben die Auswahl unter 35 verschiedenen Formen. Oder soll es lieber ein Drache sein oder ein Dino? In der Museumswerkstatt sind der Kreativität keine Grenzen gesetzt. Wer möchte, kann die selbst gegossenen Figuren auch noch bunt bemalen. Voranmeldung ist erforderlich. *Klapperhagen 1 | Di–So 10–17 Uhr | Tel. 05321 2 58 89 | www. zinnfigurenmuseum-goslar.de | Eintritt 4 Euro, Kinder bis 6 Jahre frei, bis 18 Jahre 2 Euro | Zinngießen 2,50–5 Euro pro Figur, Bemalen 50 Cent*

DER SÜDHARZ

ZISTERZIENSERMUSEUM KLOSTER WALKENRIED (123 F5) (*$\mathcal{D}$ F6*)

Stilecht hat Klosterschneider Bruder Johannes für die jungen Besucher im Zisterziensermuseum Walkenried kleine Mönchskutten genäht. Beim Rundgang sind Bruder Konrad und Klostermaus Mathilde stets präsent: Sie verstecken sich auf „Kinderklappen", dahinter finden sich Bilder, die vom Leben der Mönche in früheren Jahrhunderten erzählen und auf dieser Zeitreise die Exponate erklären. *Steinweg 4 a | Di–So 10–17 Uhr (Mo nur an Feiertagen) | www.klosterwalkenried.de | Eintritt 6 Euro, Kinder bis 16 Jahre 4 Euro, unter 6 Jahren frei | „Kleine Mönche auf Zeit": 38 Euro pauschal plus 5 Euro/Kind (2 Begleitpersonen frei)*

DER OBERHARZ

KINDERZIRKUS FRIKADELLI
(122 C1) (*$\mathcal{D}$ D3*)

Hier findet jeder seinen Zirkustraum: Einrad fahren, jonglieren, balancieren, Dompteur oder Zirkusprinzessin, Clown oder Akrobat sein. 20 Stunden Zirkusschule mit richtigen Akrobaten im richtigen Zirkuszelt, dazu Ausflüge zum Ziegenbauer, Baden im Teich und zum Abschluss eine Show aller Zirkusschüler. In den Sommerferien einwöchige Kurse, Unterbringung mit den Eltern in Ferienwohnung oder Hotel. *Landhaus Kemper | Buntenbock | Tel. 05323 17 74 | www.landhaus-kemper.de*

LÖWENZAHNPFAD ⟳
(120 B5) (*$\mathcal{D}$ G3*)

Mit „Löwenzahn" auf Spurensuche, Wiese, Wasser und Wald spielend erkunden, Tierspuren erkennen, in morschem Holz entdecken, wer und was dort lebt und krabbelt, Waldmemory und Barfußpfad. *Am Großparkplatz Drei Annen Hohne | tgl. 10–18 Uhr (im Winter geschl.) | mp.marco polo.de/har11*

MÄRCHENPFAD ZUM BROCKEN
(120 A5) (*$\mathcal{D}$ F3*)

„Das weiße Reh" beschäftigt Jungen und Mädchen, die in Schierke aufbrechen, um mit ihren Eltern auf dem gleichnamigen Märchenpfad den Brocken zu erklimmen. An sieben Stationen erleben sie die Abenteuer des jungen Albert, der das weiße Reh sucht. Die 6 km lange Route führt durchs Eckerloch auf den mystischen Harzgipfel. Im Brockenhaus wird die Leistung der jungen Wanderer mit einem Sonderstempel im Märchenflyer belohnt. Das Faltblatt zum Pfad gibt es im Nationalparkhaus Schierke, an dem der Weg beginnt, und im Brockenhaus. *mp.marcopolo.de/har13*

**NATIONALPARKHAUS
ST. ANDREASBERG** (123 E3) *(m E4)*
`INSIDER TIPP` **Mit Batman durch die
Nacht**: Fledermäuse sind Nachttiere,
den Tag verschlafen sie in Höhlen und
Bergwerksstollen. In der Dämmerung
geht es mit einem Nationalparkführer in
den Kurpark, wo die Tiere im Flug Beute
haschen, die sie per Ultraschall orten.
Ein spezielles Gerät macht die Fledermäuse sogar hörbar. *Juli/Aug. nach Vor-*

der Stadt treffen Sie den Sheriff, Buffalo
Bill, Indianer, Cowboys und Trapper, es
gibt Ponys und Western-Riding, Kutsch-
fahrten, Livemusik mit Musikgruppen
und Countrysängern, Indianertänze und
täglich eine große Westernshow. Anders
als im Original vor 150 Jahren ist Gewalt
hier jedoch verpönt. Zur Westernstadt
gehören ein Museum, ein Goldwäscher-
camp, ein Abenteuerspielplatz, ein kleiner Zoo, Westernshops und -bars, ein

Beste Aussichten: Die Natur ist immer noch der schönste Spielplatz, so wie hier auf dem Brocken

*anmeldung | Tel. 05582 92 30 74 | www.
nationalpark-harz.de | Führung 6 Euro,
Kinder 4 Euro*

DER UNTERHARZ

WESTERNSTADT PULLMAN CITY II ●
(120 C6) *(m H4)*
Auf einmal wird die Harzhochfläche bei
Hasselfelde zur Prärie. Reiter mit breit-
krempigen Hüten, Indianerzelte, Blockhütten tauchen am Horizont auf, schließlich stehen Sie vor einer Westernstadt. In

Saloon, das Indianerlager mit Tipis und
das Fort.
Übernachten können Sie im „Grand Sil-
ver Star Hotel", in Blockhütten, Ranch-
häusern und in Tipis (Indianerzelten);
im Fort müssen Sie den eigenen Schlaf-
sack mitbringen. Je nach Art des Quar-
tiers *€–€€. Hasselfelde | April–Okt.
tgl. 10–1 Uhr | Tel. 039459 73 10 | www.
pullmancity-2.de | Eintritt 13 Euro, Kinder
ab 1,31 m bis 16 Jahre 9 Euro, Kinder ab 4
Jahren bis 1,30 m 6 Euro (Mo u. Fr, außer
an Feiertagen, halber Preis)*

EVENTS, FESTE & MEHR

Die Harzer lassen ihre Gäste teilhaben an alten Brauchtumsfesten. Oder sie räumen Plätze und Straßen für allerlei moderne Stadtfeste. Und einmal im Jahr sind natürlich die Hexen los.

FESTE & VERANSTALTUNGEN

JANUAR/FEBRUAR
Internationale ▶ *Schlittenhunderennen* in Benneckenstein, Hasselfelde und Clausthal-Zellerfeld

OSTERN
▶ *Osterfeuer* (Ostersamstag im Oberharz, Ostersonntag am Harzrand) auf vielen Höhen – der Harz steht in Flammen. Zusätzliche Veranstaltungen in den Erholungsorten (Tanz, Konzerte, Blasmusik).

30. APRIL
Von Alexisbad bis Zorge wird ▶ ★ *Walpurgis* gefeiert. Die Nacht zum 1. Mai gehört den Hexen, die sich rauschenden Festen hingeben. Hunderttausende machen jedes Jahr mit. Grell geschminkte Hexen und Teufel, Umzüge, Spektakel, Feuerwerk. Hauptschauplätze: Schierke (nicht auf dem Brocken!), Hexentanzplatz Thale, Braunlage, Bad Grund, Hahnenklee, St. Andreasberg

PFINGSTEN
▶ *Polsterbergtreffen:* Am Polsterberg bei Altenau (Naturbühne) treten am Pfingstmontag zahlreiche Brauchtumsgruppen auf.

▶ *Finkenmanöver* in Benneckenstein (Pfingstmontag) und Hohegeiß (Pfingstsonntag): Bei Sonnenaufgang werden die Schläge (Gesänge) gezüchteter Buchfinken bewertet.

▶ *Questenfest* in Questenberg: Rund um die Queste, einen geschmückten Eichenstamm, wird drei Tage gefeiert, und am Pfingstmontag früh begrüßt man die Sonne.

MAI
Beim ▶ INSIDER TIPP *Viehaustrieb* in Wildemann wird am Pfingstsonntag das Vieh mit viel Folklore auf die Bergweiden getrieben.

In Quedlinburg wird zu Pfingsten der ▶ *Kaiserfrühling* gefeiert. Die Darsteller spielen in historischen Trachten die letzte Reichsversammlung Ottos des Großen nach, die im Jahr 973 hier stattfand.

JUNI
▶ *Johannisfeste* in vielen Bergbauorten
▶ *Rathausfest* in Wernigerode
▶ *Berg- und Rosenfest* in Sangerhausen

Viel mehr als „nur" Walpurgis: Ritter und Köhler, Folkloreveranstaltungen und Stadtfeste, Pferderennen und Konzertwochen

▶ *Harzer Heimattag*: Das größte Fest des Harzklubs mit Auftritten von Folkloregruppen findet im jährlichen Wechsel in einem Harzort statt.

JULI
▶ *Harzfest* an einem jährlich wechselnden Ort: Größtes Brauchtumsfest mit über 50 Gruppen, Handwerks- und Verkaufsständen, vielen Vorführungen und Festumzug
▶ *Galopprennwoche* in Bad Harzburg: viel beachtete Pferderennen
Realistische ▶ INSIDER TIPP *Ritterspiele* auf Burg Regenstein

AUGUST
▶ *Köhlerfest* in Braunlage: Wie ehedem wird ein Holzmeiler angezündet und gefeiert. Die fertige Holzkohle wird verkauft.
▶ ● *Konzertarbeitswochen* und internationales Musikfest in Goslar: Klassik aus aller Welt. *www.konzertarbeitswochen-goslar.de*

Beim ▶ *Salz- und Lichterfest* verzaubern jedes Jahr 100 000 Lichter, Leuchten und Laternen Bad Harzburgs Innenstadt.

SEPTEMBER
Anfang September ▶ *Sehusa-Fest* in Seesen: größtes Ritterfest im Harz
▶ *Jodlerwettstreit:* Am ersten Sonntag Treffen der Jodler in Altenbrak
▶ *Altstadtfeste* in Goslar und Quedlinburg
Massenläufe zum Brocken (Sept./Okt.):
▶ *Brockenlauf* in Ilsenburg, ▶ *Harzgebirgslauf* in Wernigerode, ▶ *Sternwanderung* des Harzklubs
▶ *Kunstausstellung „Natur – Mensch"* in St. Andreasberg (Sept./Okt.)

DEZEMBER
Viele ▶ ● *Advents- und Weihnachtsmärkte* schaffen eine heimelige Atmosphäre mit Lichterglanz, Kunsthandwerk und Nippes zwischen altem Fachwerk – besonders schön in Goslar oder Quedlinburg.

ICH WAR SCHON DA!

Drei User aus der MARCO POLO Community verraten ihre Lieblingsplätze und ihre schönsten Erlebnisse

GASTSTÄTTE HARZSTUBE

Besonders gut gefallen hat mir der Markt des schönen Städtchens Stolberg, in dessen Nähe sich zahlreiche Lokale befinden, die dazu einladen, leckere Harzer Spezialitäten zu genießen. Die gemütliche Gaststätte *Harzstube (Hintergasse 36)* im 7 km entfernten Schwenda hat es mir besonders angetan: Hier sollte man auf jeden Fall nach den „Stolberger Lerchen" fragen. In der Regel werden diese Würstchen mit Grünkohl serviert. Die Bedienung ist freundlich, das Essen lecker – was will man mehr! Wer den wunderschönen Fachwerkort Stolberg einmal besucht hat, wird wohl immer wieder zurückkommen. **rottleberode aus Essen**

SANDHÖHLEN

Die Sandhöhlen befinden sich in der Nähe der Burg Regenstein bei Blankenburg, im Waldgebiet „Heers". Man vermutet, dass sich hier früher eine germanische Thingstätte befand. Die Höhlen vermitteln einen mystischen Eindruck, ich konnte mir richtig das Treiben der Menschen in den Höhlen in der Vergangenheit vorstellen. **BolliKa aus Hannover**

MÄRCHENHAFTER WANDERWEG

Die 8–10 km lange schöne Rundwanderroute, die ich im Urlaub gerne gelaufen bin, führte mich von Bad Harzburg entlang der Oker vorbei am Radauer Wasserfall hin zum Froschfelsen, der einem riesigen Frosch ähnelt. Er befindet sich südwestlich von Ilsenburg, auf der Westseite des Ilsetals. **TippMarie aus Krempel**

Haben auch Sie etwas Besonderes erlebt oder einen Lieblingsplatz gefunden, den nicht jeder kennt? Gehen Sie einfach auf www.marcopolo.de/mein-tipp

EIGENE NOTIZEN

LINKS, BLOGS, APPS & MORE

LINKS

▶ www.raymond-faure.com Auf der Seite des in Goslar lebenden Führers durchs Welterbe *(www.harz-tourisme.com)* finden Sie etwa 110 000 Harzfotos – eine echte Fundgrube

▶ www.geopark-harz.de Landmarken-Infos zu Geologie, Schauhöhlen und Besucherbergwerken, Geopfaden, dazu ein GPS-Infosystem und vieles mehr

▶ www.karstwanderweg.de Alles über Deutschlands größtes Biosphärenreservat erfahren Sie auf dieser informativen Website. Von hier aus können Sie auch gleich ihre Urlaubskarten mit attraktiven Motiven verschicken – zeitgemäß auf elektronischem Weg

▶ mp.marcopolo.de/har1 Die Oberharzer gehören schon zu einer ganz besonderen Spezies – sie bilden eine eigene Sprachinsel. Im Wesentlichen beherrscht heute nur noch die ältere Generation die Mundart. Ein kleines Wörterbuch von Günther Rosenthal gewährt tiefere Einblicke

▶ www.marcopolo.de/harz Alles auf einen Blick zu Ihrem Reiseziel: Interaktive Karten inklusive Planungsfunktion, Impressionen aus der Community, aktuelle News und Angebote ...

BLOGS & FOREN

▶ mp.marcopolo.de/har2 Auf der Website der größten Tageszeitung im Harz wird alles kommentiert, was die Leser aufregt – von der überquellenden Mülltonne am Rastplatz bis zum umstrittenen touristischen Großprojekt am Waldrand

▶ mp.marcopolo.de/har3 Einmal auf Norddeutschlands höchstem Berg übernachten: Hier treffen sich viele Brockengäste zum Erfahrungsaustausch

▶ mp.marcopolo.de/har4 In zwei Etappen auf dem Hexenstieg durch den Harz gewandert, bei mehr als 2 m Schnee auf dem Brocken – ein echter Hammer

Egal, ob Sie sich auf Ihre Reise vorbereiten oder vor Ort sind: Mit diesen Adressen finden Sie noch mehr Informationen, Videos und Netzwerke, die Ihren Urlaub bereichern. Da manche Adressen extrem lang sind, führt Sie der kürzere mp.marcopolo.de-Code direkt auf die beschriebenen Websites

▶ www.harzbahn.de Auf mehr als 70 Videos dampfen Stahlrösser auf dem Harzer Schmalspurnetz durch die Wälder. Brocken-, Selketal- und Harzquerbahn sind auf dieser Hobbyseite nur einen Klick entfernt

▶ mp.marcopolo.de/har5 Wenn der Brocken nicht gerade vom Nebel eingehüllt ist, liefert die Webcam am Brockenhotel faszinierende Aufnahmen

VIDEOS, STREAMS & PODCASTS

▶ mp.marcopolo.de/har6 Bekannt ist der Harzer Roller wie ein bunter Hund. Aber wer kennt schon seinen Gesang? Hier ist das Lied des im Oberharz gezüchteten Kanarienvogels zu hören. Mit viel Akribie hat das Vox-Haustiermagazin „hundkatzemaus" das Thema aufbereitet

▶ mp.marcopolo.de/har7 Zu Walpurgis ist im Harz der Teufel los. Und auch die Hexenschar ist kaum zu bändigen, wie Videoaufnahmen vom Braunlager Walpurgisumzug beweisen

▶ Halberstadt Den Domschatz und andere Halberstädter Sehenswürdigkeiten, kulinarische Highlights und gemütliche Unterkünfte können Sie mit der Stadt-App der Harz-Metropole entdecken – und zwar kostenlos

APPS

▶ Wandern im Harz Wernigerode als „bunte Stadt des Harzes" ist der Mittelpunkt dieser App. Aber auch für die Brockenbesteigung von Schierke aus ist sie ein hilfreicher Gratis-Guide

▶ Burg und Denkmal Kyffhäuser Mit neuer Technik geht es in die alte Burg – dank dieser vom Kyffhäuser-Tourismusverband herausgebrachten App

▶ mp.marcopolo.de/har8 Die Harz-Community trifft sich hier mit neuen Fotos, aktuellen Berichten zur Wetterlage und Kommentaren rund ums Thema Tourismus

NETWORK

▶ mp.marcopolo.de/har9 Auch ein „Altes Forsthaus" kann zwitschern. Das Braunlager Hotel liefert viele Hinweise auf aktuelle Veranstaltungen im gesamten Harz

▶ mp.marcopolo.de/har10 Für Motorradfahrer gehört der Harz zu den beliebtesten Ausflugsgebieten in Norddeutschland. Auf Facebook tauschen sich die Biker über das „Motorradschutzgebiet" aus

PRAKTISCHE HINWEISE

ANREISE

Das nördlichste deutsche Mittelgebirge ist als Landschaft der geografische Mittelpunkt Deutschlands. Der überwiegende Teil der Harzbesucher kommt mit dem Auto. Und das schafft immer wieder Probleme. Staus und Parkplatznot allenthalben. Überlegen Sie, ob Sie nicht stressfreier mit Bahn und Bus in den Harz kommen und so auch der Umwelt einen Gefallen tun.

Vier große Fernstraßen umspannen den Harz: die Nord-Süd-Achse A 7, von deren Ausfahrten Derneburg, Seesen und Göttingen-Nord man schnell am Harzrand ist. Die Ost-West-Achse, die A 2 Berlin–Hannover, besitzt einen guten Zubringer mit der A 395 Braunschweig–Bad Harzburg. Die B 6 führt von Hildesheim über Goslar nach Quedlinburg. Von der A 14 Magdeburg–Halle führen Landstraßen in den Ostharz. Die A 38 verbindet Göttingen und Halle mit dem Südharz und mit dem Kyffhäuser.

Auf den Strecken zu den Städten am Harzrand verkehren schnelle Regionalzüge meist im Stundentakt, auf Nebenstrecken alle zwei Stunden. In den Harz hinein führen nur noch wenige Bahnlinien: die Harzer Schmalspurbahnen und die Wippertalbahn. Bahnknotenpunkte sind Herzberg, Nordhausen, Goslar, Bad Harzburg, Wernigerode, Halberstadt und Quedlinburg. *www.bahn.de*

Fernbusse in den Harz fahren von Berlin, im Winter verkehren Skibusse. Das Busnetz im Harz ist dicht, auf den meisten Linien im Ein- und Zweistundentakt. Internetfahrpläne: Niedersachsen: *www.efa.de* / Sachsen-Anhalt: *www.nasa.de* / Nordhausen: *www.bus-verkehr-nordhausen.de* / Kyffhäuser: *www.vgs-suedharzlinie.de*

GRÜN & FAIR REISEN

Auf Reisen können auch Sie mit einfachen Mitteln viel bewirken. Behalten Sie nicht nur die CO_2-Bilanz für Hin- und Rückflug im Hinterkopf *(www.atmosfair.de)*, sondern achten und schützen Sie auch nachhaltig Natur und Kultur im Reiseland *(www.gate-tourismus.de; www.zukunft-reisen.de; www.ecotrans.de)*. Gerade als Tourist ist es wichtig, auf Aspekte zu achten wie Naturschutz *(www.nabu.de; www.wwf.de)*, regionale Produkte, Fahrradfahren (statt Autofahren), Wassersparen und vieles mehr. Wenn Sie mehr über ökologischen Tourismus erfahren wollen: europaweit *www.oete.de*; weltweit *www.germanwatch.org*

AUSKUNFT

HARZER TOURISMUSVERBAND
Marktstr. 45 | 38640 Goslar | Tel. 05321 3 40 40 | www.harzinfo.de

HARZKLUB (WANDERVEREIN)
Bahnhofstr. 5a | 38678 Clausthal-Zellerfeld | Tel. 05323 8 17 58 | www.harzklub.de

NATIONALPARK HARZ
Lindenallee 35 | 38855 Wernigerode | Tel. 03943 5 50 20 | www.nationalpark-harz.de

Von Anreise bis Wetter

Urlaub von Anfang bis Ende: die wichtigsten Adressen und Informationen für Ihre Harz-Reise

BADEN

Im Hochsommer sind die Harzer Seen oft wärmer als ihr Ruf. Frei- und Waldbäder sind von Mai bis September geöffnet. Die Flüsse eignen sich meist nur zum Wassertreten. Badeverbote gibt es nur in wenigen Gewässern.

BAUERNHOF-FERIEN

Zahlreiche Anbieter am Harzrand, z. T. mit Reitmöglichkeiten und Hofläden. Auskunft: *Zentrale für Landurlaub | Maarstr. 96 | 53227 Bonn | Tel. 0228 96 30 20 | www.bauernhofurlaub.com*

CAMPING

Der Harzer Tourismusverband in Goslar gibt ein Heft mit sämtlichen Plätzen im Harz und im Vorharz heraus. Wildes Campen ist nicht erwünscht, in den Naturschutzgebieten ist es ohnehin verboten.

HARZCARD

Über 100-mal ist für Besitzer der *Harzcard* der Eintritt in Museen, Bergwerke, Burgen, Freizeiteinrichtungen gratis, sind touristische Dienstleitungen umsonst. Die Karte gilt entweder 48 Std. (25 Euro, Kinder 15 Euro) oder an vier frei wählbaren Tagen im Jahr (49 Euro, Kinder 29 Euro, inkl. eine Hin- und Rückfahrt mit der Brockenbahn). *www.harzcardinfo.de*

INTERNET

Im Netz bekommen Sie viele Harz-Informationen: *www.harzpoint.de | www.harz.de | www.harztourist.de | www.*

harzlife.de | www.info-harz.de | www.harz-urlaub.de sind Portale mit aktuellen Infos; *www.wandern-im-harz.de* beschreibt mit vielen hilfreichen Links alle Wanderwege im Harz.

WAS KOSTET WIE VIEL?

Kaffee	**2,80–3,90 Euro** *für ein Kännchen*
Bier	**1,90–2,70 Euro** *für 0,3 l vom Fass*
Imbiss	**3,50–4,90 Euro** *für Erbsensuppe mit Wurst*
Souvenir	**Ab 2 Euro** *für eine Brockenhexe*
Spaßbäder	**Ab 3,50 Euro** *pro Stunde*
Bahn	**28 Euro** *auf den Brocken und zurück*

INTERNETCAFÉS & WLAN

Internetcafés gibt es in fast allen größeren Harz-Orten. Vielen Spielhallen („Flippothek") ist ein Internetpoint angeschlossen. Wer nur seine Mails abholen will, kann dazu öffentliche Bibliotheken nutzen, die meist einen Online-Zugang haben. Drahtlos ins Internet kommt man in einer ganzen Reihe von Touristinformationen und Hotels.

JUGENDHERBERGEN

Wanderern mit DJH-Ausweis stehen 12 Jugendherbergen und sieben Naturfreundehäuser offen, die meist im Abstand von halb- und ganztägigen Wanderungen liegen. Voranmeldung ist ratsam. *www.jugendherberge.de*

KLEIDUNG

Ziehen Sie sich richtig an! Das Klima ist rau, das Wetter oft sehr launisch. Wenn unten im Tal kurze Ärmel angesagt sind, dann kann oben auf Wurmberg oder Brocken der Winterpulli nötig sein.

Auch sie würde so gerne mal ferngucken ...

KURORTE & KURTAXE

Reine Luft gibt es überall im Harz, und so können sich viele Gemeinden „heilklimatischer Kurort" nennen. Das Prädikat „Bad" ist Orten mit heilkräftigen Quellen vorbehalten.
Kurtaxe wird in fast allen Ferienorten fällig, 1–2,20 Euro pro Tag und Person. Dafür erhalten Sie eine *Kurkarte* oder die *Harzer Gastkarte.* Diese gewährt viele Vergünstigungen (s. unter „Preise").

ÖFFNUNGSZEITEN

Im Harz ist fast immer Saison – sofern das Wetter mitspielt. Bei guter Schneelage tummeln sich von Januar bis März – insbesondere an den Wochenenden – die Wintersportfans in den Hochlagen. Die Wandersaison beginnt praktisch mit dem Osterfest und endet Ende Oktober. Den November nutzen viele Hoteliers, um selbst Urlaub zu machen. Neben etlichen Gastbetrieben sind oft auch kleinere Museen geschlossen, zumindest aber die Öffnungszeiten eingeschränkt. In den Weihnachtsferien, die im Harz zur Hochsaison gehören, machen dann aber viele kulturelle Einrichtungen wieder auf. Häufig gibt es dann Sonderöffnungszeiten.

PREISE

So wie die einstige Grenze zwischen Ost- und Westharz kaum noch spürbar ist, haben sich auch die Preise angeglichen. Viele Orte haben Gästekarten eingeführt, die es bei Entrichtung der Kurtaxe gibt. Die Heftchen enthalten Bonusschecks für viele touristische Angebote.
Der Eintritt in die Museen, Höhlen und Besucherbergwerkwerke liegt zwischen 3 und 8 Euro, für Stadtführungen müssen Sie mit 3–5 Euro rechnen. Bei Bus und Bahn, Museen und Galerien lohnt es, Kombitickets zu nutzen. Die Harzer Schmalspurbahnen bieten Kombitickets – einmal zahlen, mehrfach fahren ist die Devise. Nach dem gleichen Prinzip funktioniert die Museumskarte in Goslar, Halberstadt oder Quedlinburg. Mit ihr können mehrere Museen besichtigt werden.

RUNDFLÜGE

Der Harz aus der Vogelperspektive: Möglichkeiten in die Luft zu gehen, gibt es viele. Zu den bekanntesten, zumindest im Nordharz, gehört der Gleitschirm *(s. Seite 98)*; für Anfänger sind Tandemflüge geeignet. Eine weitere Variante, ganz ohne Motorkraft aufzusteigen, sind Ballonfahrten. Startplätze gibt es in Wernigerode,

Quedlinburg und Halberstadt, das Ziel bestimmt der Wind. Sie können aber auch mit einem Tragschrauber, auch Autogyro oder Gyrokopter genannt, auf dem Flugplatz Ballenstedt abheben: Die *Brockenflieger* in Quedlinburg machen das Vergnügen möglich. „Echte" Hubschrauber sind ebenfalls im Einsatz: *Harz-Helicopter* in Wernigerode bietet Rundflüge an. *www.paracenter.de | www.harzballon.de | www.brockenflieger.de | www.harz-helicopter.de*

VERANSTALTUNGSKALENDER

Infoblätter verteilen die Kurverwaltungen und Touristinformationen. Umfassend sind die beiden Monatsmagazine, die gratis überall ausliegen: „Trend" bringt vor allem Szenetipps, die „Brockentipps" bringen Infos zu traditionellen Veranstaltungen und Ausflügen. Im Web präsentiert der Tourismusverband aktuelle Veranstaltungen: *www.harzinfo.de*

WETTER

Niederschläge, verteilt über das ganze Jahr, prägen den Harz. Vor allem atlantische Westwinde bringen eine Menge Regen bzw. im Winter viel Schnee. Auf der Luvseite (westlicher Nordharz und Oberharz) fallen bis zu 1600 mm Niederschlag im Jahr, auf der Leeseite (Unterharz) dagegen im Durchschnitt nur 600 mm.

Präziser und aktueller als die Wetterberichte im Radio sind oftmals Wetter- und Wintersportberichte im Internet. Über aktuelle Schneehöhen informieren der *Harzer Tourismusverband (Tel. 05321 2 00 24 u. 2 00 25)* sowie die Fremdenverkehrsbüros. Für den Oberharz als Skisportzentrum gibt es z. B. aktuelle Wintersportinfos unter *www.schneenews.de*

WETTER IM HARZ

Jan.	Feb.	März	April	Mai	Juni	Juli	Aug.	Sept.	Okt.	Nov.	Dez.

Tagestemperaturen in °C

| 0 | 3 | 5 | 9 | 14 | 18 | 19 | 19 | 16 | 10 | 4 | 1 |

Nachttemperaturen in °C

| −5 | −5 | −2 | 1 | 5 | 8 | 11 | 11 | 8 | 4 | 0 | −3 |

Sonnenschein Stunden/Tag

| 2 | 3 | 4 | 6 | 7 | 7 | 6 | 6 | 5 | 4 | 2 | 1 |

Niederschlag Tage/Monat

| 21 | 18 | 16 | 17 | 16 | 15 | 18 | 16 | 15 | 17 | 19 | 19 |

REISEATLAS

Die grüne Linie ▬▬▬ zeichnet den Verlauf der Ausflüge & Touren nach
Die blaue Linie ▬▬▬ zeichnet den Verlauf der Perfekten Route nach

Der Gesamtverlauf aller Touren ist auch in
der herausnehmbaren Faltkarte eingetragen

Bild: Die Wetterstation auf dem Brocken

Unterwegs im Harz

Die Seiteneinteilung für den Reiseatlas finden Sie
auf dem hinteren Umschlag dieses Reiseführers

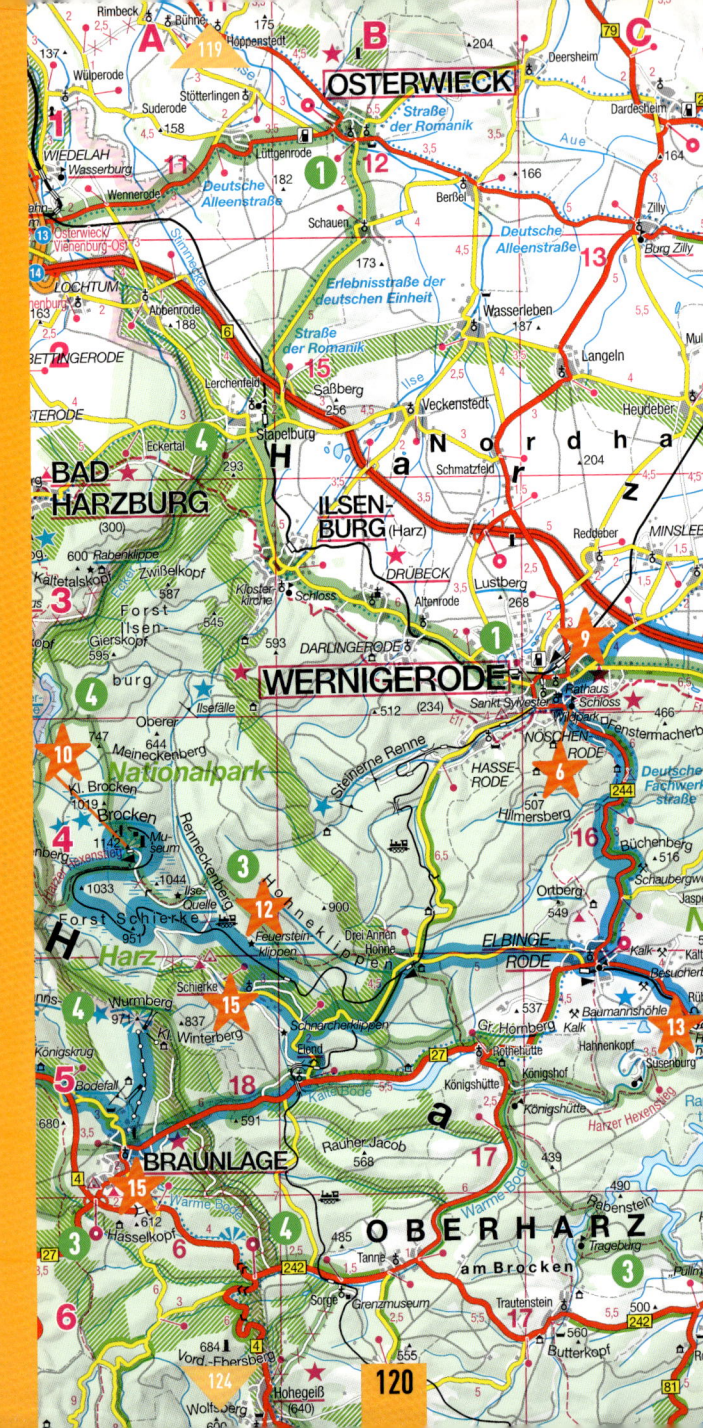

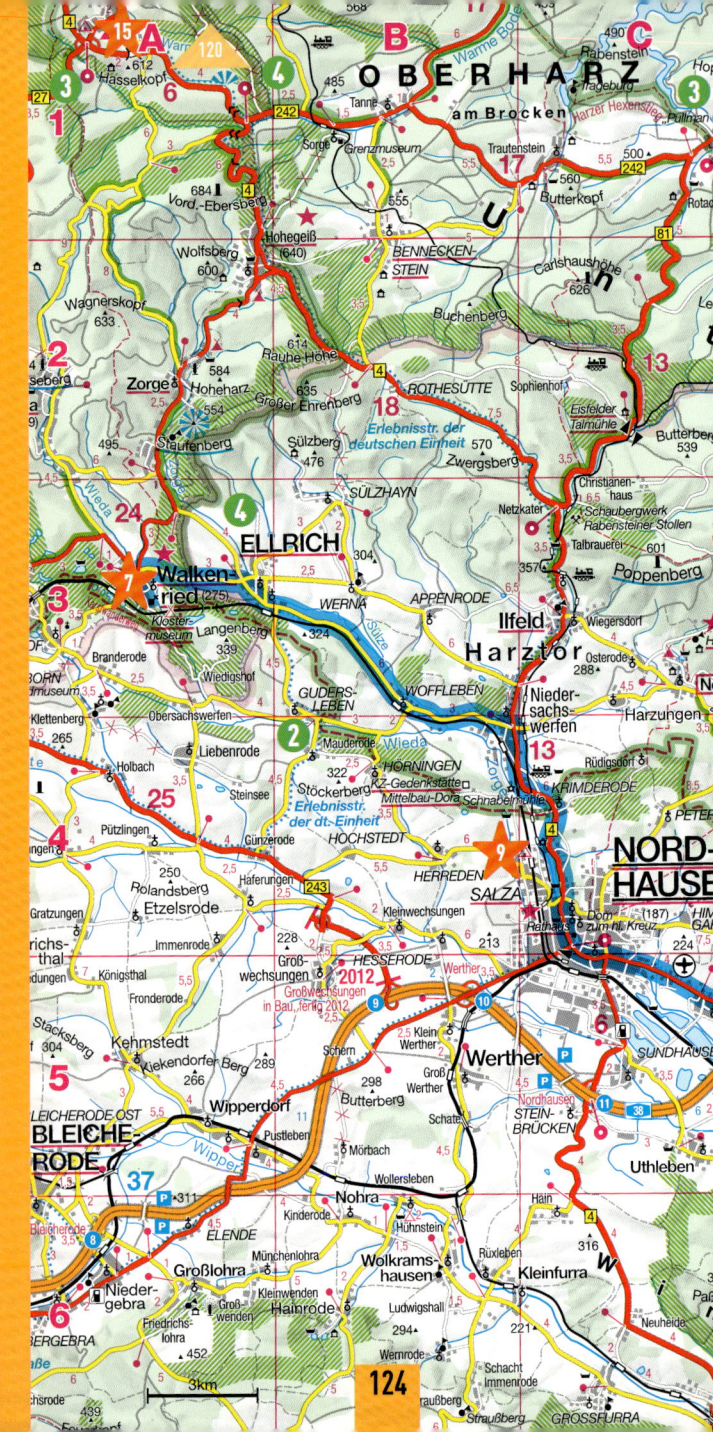

127

KARTENLEGENDE

Autobahn · Gebührenpflichtige Anschlussstelle · Gebührenstelle · Anschlussstelle mit Nummer · Rasthaus mit Übernachtung · Raststätte · Kleinraststätte · Tankstelle · Parkplatz mit und ohne WC		Motorway · Toll junction · Toll station · Junction with number · Motel · Restaurant · Snackbar · Filling-station · Parking place with and without WC
Autobahn in Bau und geplant mit Datum der Verkehrsübergabe		Motorway under construction and projected with completion date
Zweibahnige Straße (4-spurig)		Dual carriageway (4 lanes)
Fernverkehrsstraße · Straßennummern		Trunk road · Road numbers
Wichtige Hauptstraße		Important main road
Hauptstraße · Tunnel · Brücke		Main road · Tunnel · Bridge
Nebenstraßen		Minor roads
Fahrweg · Fußweg		Track · Footpath
Wanderweg (Auswahl)		Tourist footpath (selection)
Eisenbahn mit Fernverkehr		Main line railway
Zahnradbahn, Standseilbahn		Rack-railway, funicular
Kabinenschwebebahn · Sessellift		Aerial cableway · Chair-lift
Autofähre · Personenfähre		Car ferry · Passenger ferry
Schifffahrtslinie		Shipping route
Naturschutzgebiet · Sperrgebiet		Nature reserve · Prohibited area
Nationalpark · Naturpark · Wald		National park · natural park · Forest
Straße für Kfz. gesperrt		Road closed to motor vehicles
Straße mit Gebühr		Toll road
Straße mit Wintersperre		Road closed in winter
Straße für Wohnanhänger gesperrt bzw. nicht empfehlenswert		Road closed or not recommended for caravans
Touristenstraße · Pass		Tourist route · Pass
Schöner Ausblick · Rundblick · Landschaftlich bes. schöne Strecke		Scenic view · Panoramic view · Route with beautiful scenery
Heilbad · Schwimmbad		Spa · Swimming pool
Jugendherberge · Campingplatz		Youth hostel · Camping site
Golfplatz · Sprungschanze		Golf-course · Ski jump
Kirche im Ort, freistehend · Kapelle		Church · Chapel
Kloster · Klosterruine		Monastery · Monastery ruin
Synagoge · Moschee		Synagogue · Mosque
Schloss, Burg · Schloss-, Burgruine		Palace, castle · Ruin
Turm · Funk-, Fernsehturm		Tower · Radio-, TV-tower
Leuchtturm · Kraftwerk		Lighthouse · Power station
Wasserfall · Schleuse		Waterfall · Lock
Bauwerk · Marktplatz, Areal		Important building · Market place, area
Ausgrabungs- u. Ruinenstätte · Bergwerk		Arch. excavation, ruins · Mine
Dolmen · Menhir · Nuraghen		Dolmen · Menhir · Nuraghe
Hünen-, Hügelgrab · Soldatenfriedhof		Cairn · Military cemetery
Hotel, Gasthaus, Berghütte · Höhle		Hotel, inn, refuge · Cave

Kultur — **Culture**

Malerisches Ortsbild · Ortshöhe	WIEN (171)	Picturesque town · Elevation
Eine Reise wert	★★ MILANO	Worth a journey
Lohnt einen Umweg	★ TEMPLIN	Worth a detour
Sehenswert	Andermatt	Worth seeing

Landschaft — **Landscape**

Eine Reise wert	★★ Las Cañadas	Worth a journey
Lohnt einen Umweg	★ Texel	Worth a detour
Sehenswert	Dikti	Worth seeing

Ausflüge & Touren — **Trips & Tours**

Perfekte Route — **Perfect route**

MARCO POLO Highlight — **MARCO POLO Highlight**

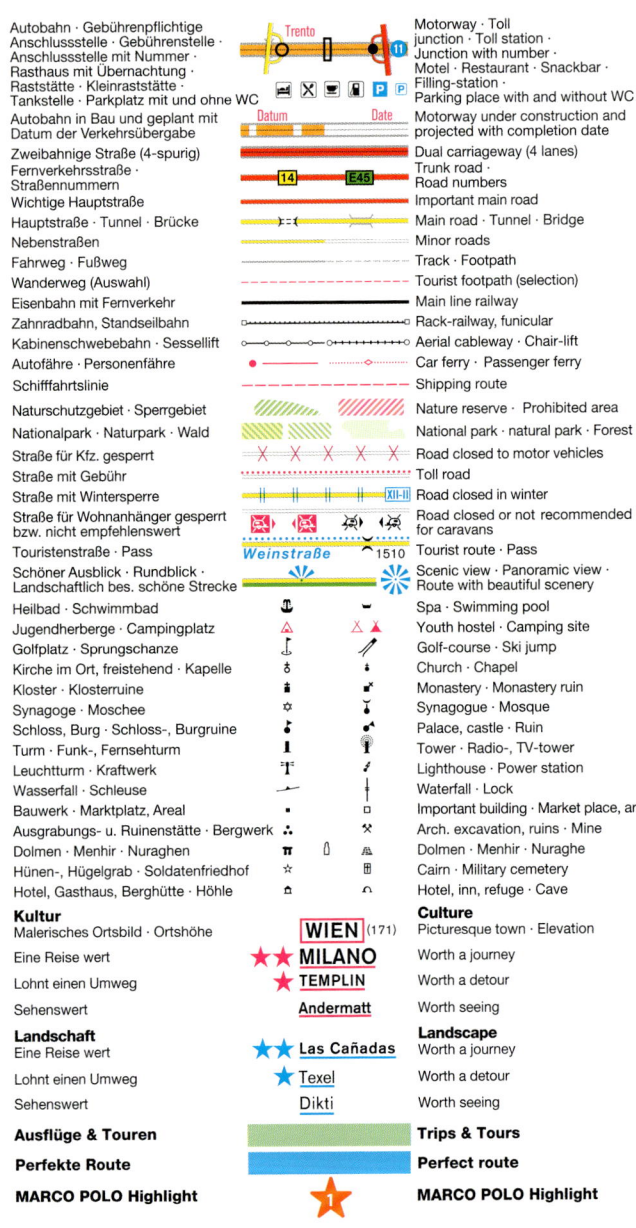

REGISTER

In diesem Register sind alle im Reiseführer erwähnten Orte und Ausflugsziele sowie viele Sehenswürdigkeiten aufgeführt. Gefettete Seitenzahlen verweisen auf den Haupteintrag.

Thale 16, 32, 40, **48**, 95, 96, 100, 102, 106
Timmenrode 39
Torfhaus 20, 60, 61, **63**, 71, 95, 101, 132
Treseburg 48, **87**, 96
Uftrungen 95
Vatterode 91
Walkenried 14, 31, **56**, 95,

97, 104
Weddersleben 48
Wendefurth 86
Wernigerode 15, 19, 21, 25, 28, 29, 30, 32, **49**, 71, 100, 106, 107, 111, 112, 114, 115
Westerburg 16
Westerhausen 27
Wettelrode 19, 95

Wickerode 59
Wildemann **65**, 101, 106
Wippertal 90
Wippertalbahn 112
Wippra 27, **90**, 102
Wöltingerode **43**
Wurmberg 30, 66, **67**, 114, 132
Zorge 17, 106

SCHREIBEN SIE UNS!

SMS-Hotline: 0163 6 39 50 20

Egal, was Ihnen Tolles im Urlaub begegnet oder Ihnen auf der Seele brennt, lassen Sie es uns wissen! Ob Lob, Kritik oder Ihr ganz persönlicher Tipp – die MARCO POLO Redaktion freut sich auf Ihre Infos.
Wir setzen alles dran, Ihnen möglichst aktuelle Informationen mit auf die Reise zu geben. Dennoch schleichen sich manchmal Fehler ein – trotz gründ-

E-Mail: info@marcopolo.de

licher Recherche unserer Autoren/innen. Sie haben sicherlich Verständnis, dass der Verlag dafür keine Haftung übernehmen kann. Kontaktieren Sie uns per SMS, E-Mail oder Post!

MARCO POLO Redaktion
MAIRDUMONT
Postfach 31 51
73751 Ostfildern

IMPRESSUM
Titelbild: Schloss Wernigerode (Look: Wohner)
Fotos: DuMont Bildarchiv: Johaentges (8, 12/13, 21, 29, 30 l., 43, 49, 64, 75, 106, 107, 110 u.), Lubenow (Klappe l., Klappe r., 2 M.o., 7, 9, 10/11, 15, 30 r., 105, 110 o., 111, 116/117), Spitta (2 M.u., 18/19, 22, 32/33, 50, 62, 81, 94, 100); ©fotolia.com: gormonrosta (16 M.); R. Freyer (28/29, 41, 57, 69, 114); Skadi Giertz (16 u.); Hammerschmiede Spirituosen: Alexander Buchholz (17 u.); Harzköhlerei Sternberghaus: I. Feldmer (17 o.); H. Hörseljau (72); Huber: Damm (36/37), Gräfenhain (2 o., 3 o., 3 u., 4, 5, 34, 60/61, 70/71, 74, 79, 89, 92/93, 95, 101), Huber (98/99), Lubenow (102/103), Schmid (47); R. Kirmse (1 u.), Laif: Daams (91, 106/107), hemis.fr (Preau) (6); Look: Dressler (86), Johaentges (24/25, 28), Wohner (1 o., 3 M., 82/83); mauritius images: Alamy (84), Dumrath (96/97), Food and Drink/Foodfolio (26 l.), Seba (2 u., 52/53, 67), Waldkirch (27); Jürgen Meusel (16 o.); Transit Archiv: Allner (59); vario images: McPHOTO (26 r.), White Star: Friedrichsmeier/Mendzigall (38/39), Friedrichsmeier/Spitta (44, 54, 76/77)

12. Auflage 2013
Komplett überarbeitet und neu gestaltet
© MAIRDUMONT GmbH & Co. KG, Ostfildern
Chefredaktion: Michaela Lienemann (Konzept, Chefin vom Dienst), Marion Zorn (Konzept, Textchefin)
Autor: Hans Bausenhardt, Koautor: Ralf Kirmse; Redaktion: Arnd M. Schuppius
Verlagsredaktion: Anita Dahlinger, Ann-Katrin Kutzner, Nikolai Michaelis
Bildredaktion: Gabriele Forst, Barbara Schmid
Im Trend: wunder media, München
Kartografie Reiseatlas: © MAIRDUMONT, Ostfildern; Kartografie Faltkarte: © MAIRDUMONT, Ostfildern
Innengestaltung: milchhof:atelier, Berlin; Titel, S. 1, Titel Faltkarte: factor product münchen
Das Werk einschließlich aller seiner Teile ist urheberrechtlich geschützt. Jede urheberrechtsrelevante Verwertung ist ohne Zustimmung des Verlags unzulässig und strafbar. Das gilt insbesondere für Vervielfältigungen, Übersetzungen, Nachahmungen, Mikroverfilmungen und die Einspeicherung und Verarbeitung in elektronischen Systemen.
Printed in Germany. Gedruckt auf 100% chlorfrei gebleichtem Papier

BLOSS NICHT ✋

An Feiertagen sollten Sie keine Idylle erwarten

RAUCHEN UND FEUER MACHEN

Die sonst so freundlichen Förster und Nationalparkranger werden dann ganz amtlich. Nach langen Trockenperioden besonders im Frühling und Sommer reicht meist der sprichwörtliche Funken, um Wälder und Trockenrasenflächen in Brand zu setzen. Heißer Auspuff und Kat haben schon oft trockenes Gras, Laub und Nadelstreu entzündet.

AUS DER SPUR IM WINTER

Viele Tiere überleben den Winter nicht, weil ihre Winterruhe von Wanderern und Skiläufern gestört wird, die von den gespurten Wegen und Loipen weg in die unberührte Natur eindringen. Mit jeder Flucht verbrauchen sie Energie, die bei dem kargen Futterangebot nicht wieder ersetzt werden kann.

MIT HUNDERT IN DIE KURVE

Bei schönem Wetter dröhnt der Oberharz, wenn die „Motorradler" durch die Kurven der Harzstraßen schwingen. Für viele ist der Ritt durch den Harz zur Reise ohne Wiederkehr geworden. Hauptursache für die Unfälle ist zu schnelles Fahren.

DURCHS MOOR STAPFEN

Das ist verboten – es zerstört diesen so empfindlichen Lebensraum von seltenen Tieren und Pflanzen, die vielfach auf roten Listen stehen. Und es kann lebensgefährlich sein.

AN FEIERTAGEN FAHREN

Bei schönem Wetter und idealen Schneeverhältnissen ist der Harz an Wochenenden und Feiertagen hoffnungslos überlaufen. Vor allem da, wo sich ohnehin immer alles drängelt, wie an Brocken und Wurmberg, in Schierke, Torfhaus, Königskrug, an Hexentanzplatz, Rosstrappe, Josephskreuz und Kyffhäuser ... Wenn Ihre Harzreise an solchen Tagen sein soll, fahren Sie lieber mit Bus und Bahn. Und bestellen Sie Ihr Quartier vorher.

OHNE WINTERREIFEN FAHREN

Auch wenn die Hauptstraßen längst geräumt sind, können Nebenstraßen mit festgefahrenem, oft spiegelglatt vereistem Schnee bedeckt sein. Die weiße Jahreszeit beginnt im Oberharz im November und dauert bis in den April hinein.

KNAUSERIG SEIN

Eintritt und Führungen in Kirchen, Klöster, Heimatstuben und auch Museen sind oft gratis. Ein Dankeschön in Gestalt einer Spende für Erhalt und Unterhalt der oftmals durch Privatinitiative instand gehaltenen Einrichtungen gehört sich einfach.

QUERFELDEIN IM NATIONALPARK

Es gilt striktes Wegegebot. Hunde nur an der Leine. Die Ranger dürfen Ordnungsstrafen verhängen.